Suzan Karatas

Rechtliche und ökonomische Aspekte bei Entwicklung und Betrieb von Open Source Software
ware

GRIN - Verlag für akademische Texte

Der GRIN Verlag mit Sitz in München hat sich seit der Gründung im Jahr 1998 auf die Veröffentlichung akademischer Texte spezialisiert.

Die Verlagswebseite www.grin.com ist für Studenten, Hochschullehrer und andere Akademiker die ideale Plattform, ihre Fachtexte, Studienarbeiten, Abschlussarbeiten oder Dissertationen einem breiten Publikum zu präsentieren.

Suzan Karatas

Rechtliche und ökonomische Aspekte bei Entwicklung und Betrieb von Open Source Software

GRIN Verlag

Bibliografische Information der Deutschen Nationalbibliothek: Die Deutsche Bibliothek verzeichnet diese Publikation in der Deutschen Nationalbibliografie; detaillierte bibliografische Daten sind im Internet über http://dnb.d-nb.de/ abrufbar.

1. Auflage 2011
Copyright © 2011 GRIN Verlag GmbH
http://www.grin.com
Druck und Bindung: Books on Demand GmbH, Norderstedt Germany
ISBN 978-3-656-07867-8

ulm university universität

Universität Ulm
Fakultät für Mathematik und
Wirtschaftswissenschaften

Rechtliche und ökonomische Aspekte bei
Entwicklung und Betrieb von Open Source Software

Bachelorarbeit

in Wirtschaftswissenschaften

vorgelegt von
Karatas, Suzan
am 10. Mai 2011

Inhaltsverzeichnis

Abbildungs- und Tabellenverzeichnis

Abkürzungsverzeichnis

BerliOS	Berlin Open Source
BGB	Bürgerliches Gesetzbuch
BMW	Bayrische Motoren Werke
BSD	Berkeley Software Distribution
bspw.	beispielsweise
BT	Bundestag
bzw.	beziehungsweise
ca.	circa
CEO	Chief Executive Officer
CPL	Common Public License
CRM	Customer-Relationship-Management
d.h.	das heißt
DEC	Digital Equipment Corporation
E-Mail	Electronic Mail
EDV	Elektronische Datenverarbeitung
engl.	englisch
et al.	et alii
f.	folgende
ff.	fort folgende
ggf.	gegebenenfalls
GNU	Akronym für "GNU is not Unix"
GPL	GNU General Public License
HP	Hewlett Packard
Hrsg.	Herausgeber
html.	hypertext markup language
http	hypertext transfer protocol

i.d.R.	in der Regel
IBM	Internation Business Machines
IT	Informationstechnologie
LAN	Local Area Network
LGPL	GNU Lesser General Public License
Mio.	Millionen
MIT	Massachusetts Institute of Technology
MPL	Mozilla Public License
MS	Microsoft
Nr.	Nummer
NT	New Technology
OSI	Open Source Initiative
PC	Personal Computer
S.	Seite
SAP	Systeme, Anwendung und Produkte in der Datenverarbeitung
sog.	so genannte
SPD	Sozialdemokratische Partei Deutschlands
SQL	Structured Query Language
u.a.	unter anderem
u.U.	unter Umständen
UNO	United Nations Organization
UrhG	Urheberrechtsgesetz
URL	Uniform Resource Locator
vgl.	vergleiche
www	world wide web
XP	Experience
z.B.	zum Beispiel

1 Einleitung

Das Thema Open Source Software ist längst nicht mehr nur für talentierte Hobbyprogrammierer ein interessantes Gebiet. Namhafte Unternehmen wie IBM, Sun Microsystems oder auch HP beteiligen sich aktiv an der Entwicklung von quelloffener Software, indem sie ihre Produktpallette um quelloffene Software erweitern oder Quellcodes ihrer Programme freigeben. Im Gegenzug setzen immer mehr private und öffentliche Organisationen, wie Google, BMW, das Auswärtige Amt oder die bayrische Landeshauptstadt München Open Source Software und Betriebssysteme in unterschiedlichsten Bereichen ihrer Geschäftsprozesse ein.

Darüber hinaus findet die sog. freie Software auch auf politischer Ebene eine Unterstützung im besonderen Maße. So hat bspw. das Bundesverwaltungsamt speziell das „Kompetenzzentrum Open-Source-Software"[1] ins Leben gerufen, um den Einsatz von Open Source Software in der öffentlichen Verwaltung zu fördern. Auch der UNO-Weltgipfel zur Informationsgesellschaft sieht es als eine Pflicht, die Freiheit von Software als Schützenswert anzuerkennen und die Entwicklung und Nutzung von Open Source Software zu fördern, um den aufkommenden Chancenungleichheiten hinsichtlich der Zugriffsmöglichkeiten auf Informationstechnologien, der sog. „Digitalen Kluft", entgegenzuwirken.[2]

Die zunehmende Bedeutung von Open Source Technologien wird ebenfalls ersichtlich, wenn die Aufmerksamkeit betrachtet wird, die der CEO von Microsoft, Steve Ballmer, diesen Programmen entgegenbringt. Dieser beschrieb im Jahre 2001 einer amerikanischen Tageszeitung das Open Source Betriebssystem Linux und dessen Lizenzmodell als ein „Krebsgeschwür, das in Bezug auf geistiges Eigentum alles befällt, was es berührt"[3]. Der CEO des international erfolgreichsten Softwareherstellers, sieht die lizenzgebührenfreie Open Source Software als ernstzunehmende Bedrohung am Markt,[4] was damit einhergeht, dass zu vielen kommerziellen Produkten aus dem Hause Microsoft

---

[1] Vgl. http://www.oss.bund.de/ueber-uns.
[2] Vgl. http://www.itu.int/wsis/docs2/tunis/off/7.html.
[3] http://www.theregister.co.uk/2001/06/02/ballmer_linux_is_a_cancer/.
[4] Vgl. http://www.heise.de/newsticker/meldung/Steve-Ballmer-fuehlt-sich-durch-Linux-bedroht-80135.html.

mittlerweile ebenbürtige oder sogar bessere Open Source Alternativen vorhanden sind.

In jüngster Zeit zeigen jedoch auch Schlagzeilen wie „Westerwelle beerdigt Linux"[5] oder „München zeigt Geduld und erhöht Budget für LiMux"[6], dass der Einsatz von quelloffenen Technologien auch problematisch sein kann. Aufgrund dieser Aktualität befasst sich die vorliegende Arbeit mit den rechtlichen und ökonomischen Aspekten bei der Entwicklung und dem Betrieb von Open Source Software.

Im Blickpunkt des zweiten Kapitels stehen zunächst rechtliche Grundlagen der Open Source Software. Hierzu wird vorab eine definitorische Abgrenzung des Begriffs Open Source Software vorgenommen. Im Rahmen dessen werden charakteristische Merkmale von Open Source Software und wesentliche Unterschiede zu anderen Softwarearten aufgezeigt. Darüber hinaus werden die gängigsten Lizenzmodelle und die damit einhergehenden rechtlichen Verpflichtungen der Anwender und Entwickler von Open Source Software erläutert.

Das dritte Kapitel beschäftigt sich mit der Frage, aus welchen Gründen qualitativ hochwertige und bei Millionen von Anwendern beliebte Programme, wie die Büroanwendung OpenOffice.org, der Webbrowser Mozilla, das Datenbankverwaltungssystem MySQL oder Betriebssysteme wie Linux kostenlos angeboten werden. Im Rahmen dieser Fragestellung wird einleitend der historische Hintergrund der Softwareentwicklung beschrieben. Darauf aufbauend wird anhand des ökonomischen Theorems der Nutzenmaximierung von Individuen erläutert, welche Motivation Entwickler haben, Zeit, Arbeit und Geld in die Entwicklung von Programmen zu investieren, deren Quellcode für jedermann frei zugänglich ist. Dabei findet eine getrennte Betrachtung der Anreizfaktoren der privaten Entwicklergemeinde und der Unternehmen statt.

Im vierten Kapitel wird beleuchtet, wie Unternehmen eine Software kommerzialisieren, die ohne Lizenzgebühren von jedermann genutzt, verändert und weitergegeben werden darf. Auf Grundlage der Wertschöpfung von Software werden Geschäftsmodelle von Unternehmen vorgestellt, die mittels

---

[5] http://www.sueddeutsche.de/digital/auswaertiges-amt-ende-einer-it-revolution-westerwelle-beerdigt-linux-1.1060734.
[6] http://derstandard.at/1289608111528/Muenchen-zeigt-Geduld-und-erhoeht-Budget-fuer-Limux.

komplementärer Angebote zu Open Source Software, Profite erwirtschaften. Dabei werden ergänzende Dienstleistungen und Produkte vorgestellt.

Anhand von drei Einrichtungen aus dem öffentlichen Sektor gibt das fünfte Kapitel einen Einblick über die Vorteile und Risiken bei einem Einsatz von Open Source Software. Hierzu werden die individuellen Hintergründe der Migrationsentscheidungen und Erfahrungen des Umstellungsprozesses der Stadtverwaltungen Schwäbisch Hall, der Landeshauptstadt München und des Auswärtigen Amts beschrieben.

Abschließend wird im sechsten Kapitel ein zusammenfassender Überblick über die beschriebenen Aspekte bei der Entwicklung und dem Betrieb von Open Source Software dargestellt und ein Ausblick über künftige Entwicklungen hinsichtlich Open Source Software gegeben.

2 Rechtliche Grundlagen der Open Source-Software

Im Rahmen der Untersuchung sind zunächst der Begriff Open Source-Software zu definieren und Unterschiede zu anderen Softwaremodellen abzugrenzen. Entscheidende Kriterien hierfür sind einerseits die Verfügbarkeit des Quellcodes und andererseits die zu entrichtenden Lizenzgebühren.[7]

Ferner werden im Folgenden verschiedene Ausprägungen von Softwarelizenzen hinsichtlich ihrer charakteristischen und rechtlichen Eigenschaften, die Entwickler und Anwender betreffen, vergleichend gegenübergestellt.

2.1 Definition Open Source

Der Begriff Open Source wurde 1998 durch die Open Source Initiative (OSI) geprägt. Das Leitbild der OSI ist es, die Open Source Bewegung zu stärken um eine qualitativ hochwertige, zuverlässige und flexible Software zu entwickeln. Dabei soll insbesondere durch die Zusammenarbeit mit dem öffentlichen und privaten Sektor in den Bereichen der Technologien und Lizenzmodelle die Entwicklung von wirtschaftlichen und strategischen Vorteilen durch Open Source Software ermöglicht werden.[8]

Um eine Konformität mit der Open Source Definition zu gewährleisten und das Prädikat „OSI-approved" [9] zu erhalten, ist zusammenfassend folgender Kriterienkatalog[10] zu erfüllen:

- Zunächst muss eine freie Weitergabe des Programmcodes gewährleistet sein. Der Quellcode darf beliebig verschenkt oder verkauft werden, wobei jedoch beim Verkauf keine Gebühren für Lizenzen abgegolten werden dürfen. Des Weiteren ist ein freier Zugang zum Quellcode erforderlich, welcher in einer nachvollziehbaren Form zu verbreiten ist, so dass damit und mit Segmenten davon beliebig gearbeitet werden kann.

- Darüber hinaus sollen aus Open Source Software abgeleitete Werke unter den selben Lizenzbestimmungen weiter vertrieben werden wie das Originalprogramm. Da diese Bestimmungen Veränderungen und Derivate

---

[7] Vgl. Wichmann, T. (2005), S.3; Hennig, S. (2009), S. 8.
[8] Vgl. http://www.opensource.org/about.
[9] Vgl. http://www.opensource.org/; Wichmann, T. (2005), S.10.
[10] Folgender Kriterienkatalog siehe auch http://www.opensource.org/docs/osd; Gläßer, L.(2004), S. 22 ff.

4

zulassen, muss ein Werk, welches auf ein Open Source Programm basiert nicht ebenfalls Open Source sein.

- Ein weiteres Kriterium ist die Unversehrtheit des Source Codes, d.h. Originalcode und veränderter Code müssen unterscheidbar sein. Dies dient beispielsweise dem Schutz des Entwicklers und seines Rufs. Zudem muss eine Formulierung in der Lizenz die Weitergabe der modifizierten Software explizit erlauben.

- Ferner dürfen nach der OSI weder Personengruppen noch Anwendungs-felder hinsichtlich der Nutzung und Mitarbeit an der Weiterentwicklung eines Open Source Projekts ausgeschlossen werden. Demnach ist auch die kommerzielle Nutzung eines Open Source Projekts nicht untersagt.

- Schließlich schützt die Open Source Definition auch die Neutralität eines Open Source Produkts. Hierfür sind Beschränkungen hinsichtlich unter-stützter Technologien, Schnittstellen und Produktpakete untersagt. Es dürfen weder bestimmte ausgeschlossen noch vorgeschrieben werden.[11]

2.1.1 Abgrenzung zu proprietärer Software

Das Hauptmerkmal proprietärer Software ist die Geheimhaltung ihres Quellcodes. In der Literatur wird die proprietäre Software auch als Closed Source[12] oder kommerzielle[13] Software bezeichnet. Genau genommen wird die proprietäre Software jedoch erst zur kommerziellen Software, wenn die Nutzung kostenpflichtig ist, sprich Lizenzgebühren zu entrichten sind. Die wohl bekanntesten Beispiele hierfür sind Microsoft Produkte wie das Betriebssystem Windows oder die Microsoft Office Software. In der Praxis fallen diese Eigenschaften oft zusammen – müssen aber nicht.[14]

Das Interesse des Herstellers, dieses Produktgeheimnis zu verbergen, ist nachvollziehbar, wenn berücksichtigt wird, welche Menge an Produktions-faktoren wie Arbeit, Zeit und Geld in der Entwicklung einer Software steckt und Unternehmen eine Gewinnerzielung beabsichtigen. Die Software wird dem

---

[11] Originaler Kriterienkatalog der OSI siehe im Anhang A.I.
[12] Siehe auch Wichmann, T. (2005), S. 4.
[13] Vgl. Hennig, S. (2009), S. 7; Bertschek. I./Döbler T. (Hrsg.) (2005), S.63.
[14] Beispielsweise kann Open Source Software kommerziell sein, obwohl der Quellcode jedem zugänglich ist. Hierbei bieten Unternehmen kostenpflichtige Dienstleistungen in Form von Wartung und Support an. Solch ein Geschäftsmodell wird in Kapitel 4 dieser Arbeit erläutert. Aber auch kostenlos vertriebene Software - z.B. Freeware - kann "proprietär" sein, wenn der Lizenznehmer nicht dieselben Nutzungsfreiheiten wie bei Open Source Software erwerben kann.

Anwender ausschließlich in kompilierter Form, sprich als maschinenlesbares Binärprogramm, verkauft. Diese Version lässt eine Verwendung zu, gewährt jedoch keinen Einblick in die Programmierung, um Anpassungen oder Änderungen durchzuführen. Darüber hinaus werden in der Regel dem Nutzer durch Lizenzbestimmungen jegliche Vervielfältigungen, Weiterverbreitungen, Modifikationen oder Dekompilierungen untersagt. Mit dem Kauf wird also lediglich ein Nutzungsrecht zugesprochen, wobei Rechtsinhaber und somit Eigentümer der Software der Anbieter bleibt.[15]

Der Nachteil für den Nutzer ist die starke Abhängigkeit vom Hersteller. Da der Anwender selbst den Quellcode nicht einsehen oder ändern kann, liegt es ausschließlich in der Hand des Herstellers bei Softwarefehlern, Weiterentwicklungen oder Anpassungen an individuelle Bedürfnisse, Änderungen vorzunehmen.[16]

2.1.2 Abgrenzung zu weiteren Softwarearten

Neben den zwei eindeutigen Softwarearten Open Source Software und proprietäre Software gibt es zahlreiche Zwischenformen, die im Folgenden zu Open Source Software abgegrenzt werden.

Public Domain Software

Bei diesem Softwaremodell verzichtet der Autor auf sämtliche Urheberrechte bzw. stellt die Software der Allgemeinheit zur Verfügung.[17] Im Vergleich zu Open Source Software werden folglich keinerlei urheberrechtliche Verfügungs- bzw. Verwertungsrechte gewahrt. Die Software kann beliebig, verändert, verkauft oder auch in proprietäre Software umlizenziert werden. Außerdem besteht bei der Public Domain Software im Gegensatz zu Open Source Software keine Verpflichtung zur Veröffentlichung des Quellcodes.[18]

---

[15] Vgl. Renner, T. et. al. (2005), S. 15.
[16] Siehe auch Kharitoniouk, S./Stewin, P. (2004), S. 3.
[17] Diese Softwareart kommt aus dem angloamerikanischen Raum. Nach deutschem und europäischem Recht ist ein Verzicht auf sämtliche Rechte, wegen der persönlichkeitsrechtlichen Komponente, nicht möglich. Daher wird die Public Domain Software als Einräumung eines einfachen Nutzungsrechts an jedermann ausgelegt, welche dem Lizenznehmer eine unbeschränkte Verwertung dieser gewährt. Die Urheberpersönlichkeitsrechte verbleiben aber bei dem Urheber.
[18] Ähnlich Mundhenke, J. (2007), S. 46, Jaeger, T./Metzger, A. (2006), S. 5.

Freeware

Bei Freeware handelt es sich um proprietäre Software, die kostenlos angeboten wird. Dabei stellt dieses Verschenken von Software eine Marketingstrategie des Unternehmens dar, um eine hohe Bekanntheit und eine starke Marktposition zu erreichen. Dieser Effekt soll insbesondere den eigenen komplementären oder kommerziellen Produkten von Vorteil sein. Populäre Beispiele sind der Microsoft Internet Explorer und der Adobe Acrobat Reader. Das kostenlose Angebot bezieht sich lediglich auf die Nutzung. Dem Anwender werden im Gegensatz zu Open Source Software keinerlei Modifikationen oder kommerzielle Verwendungszwecke gestattet. Darüber hinaus wird der Quellcode in der Regel nicht veröffentlicht, sondern weiterhin vom Hersteller geheim gehalten.[19]

Freie Software

Freie Software (engl. Free Software) bezieht sich im Gegensatz zu Freeware nicht auf den Preis, sondern auf die Freiheiten des Anwenders. Das Leitmotiv hierbei ist die Informationsfreiheit beim Umgang mit Software. Dem Anwender werden die Freiheiten gewährt, die Software beliebig zu verwenden, den frei zugänglichen Quellcode zu studieren, zu modifizieren und zu verbreiten. Im Gegenzug ist der Anwender jedoch verpflichtet jede Änderung und Erweiterung des Programms weiterzugeben. Diese explizite Pflicht zur Weitergabe ist mit der Open Source Definition nicht konform.[20]

Shareware

Shareware stellt weniger eine eigene Softwareart, sondern viel mehr ein besonderes Vertriebsmodell von Herstellern für proprietäre bzw. kommerzielle Software dar. Dabei wird eine Software zu Testzwecken kostenlos zur Verfügung gestellt. Diese Version ist je nach Lizenzbestimmungen funktional oder zeitlich beschränkt. Für die vollwertige Nutzungsfähigkeit ist eine bestimmte Lizenzgebühr zu entrichten. Die besondere Vorteilhaftigkeit besteht für den Anwender darin, dass er vor dem Kauf der Software die Möglichkeit hat, diese zu testen.[21]

---

[19] Vgl. Mundhenke, J. (2007), S. 47.
[20] Vgl. Gläßer, L. (2004), S.17.
[21] Vgl. Renner, T. et. al. (2005), S. 14 f.

Shared Source Software

Die Shared Source Software bzw. das Shared Source Licensing Program ist die Reaktion von Microsoft auf den wachsenden Erfolg des Open Source Modells und die damit einhergehenden Wünsche der eigenen Kunden nach einem besseren Zugang zum Quellcode. [22] Die eigenständigen Lizenzmodelle bestehen aus Programmen unterschiedlichster Microsoft-Produkte, die alle den Zugriff zum Sourcecode bzw. zu Teilen davon gewähren. Im Gegensatz zum Open Source Modell ist dieser Zugriff jedoch lediglich einem auserwählten Personenkreis, wie z.b. akademischen und staatlichen Institutionen, Software-entwicklern oder Hardwarepartnern gestattet. Weitergehende Nutzungsrechte, wie beispielsweise Modifizierungen oder Weitergabe von Programmcodes, sind von Microsoft stark eingeschränkt und lediglich in Ausnahmefällen erlaubt. [23]

Die Öffnung des Quellcodes stellt für Microsoft einerseits eine vertrauens-bildende Maßnahme[24] für eigene Kunden dar, andererseits soll hauptsächlich Geschäftskunden die Möglichkeit zur Mitarbeit gewährt werden, ohne dabei die eigenen Urheberrechte zu gefährden. Das Konzept der Shared Source wird von Microsoft mittlerweile soweit verfolgt, dass OSI zertifizierte Open Source Lizenzen, die „Microsoft Public License" und die „Microsoft Reciprocal License", entwickelt wurden. [25]

Folgende Tabelle 2.1 gibt einen abschließenden Überblick über die wesentlichen Unterschiede der zuvor dargestellten Softwarearten.

Softwareart \ Kriterien	Quellcode veränderbar	Lizenzge-bührenfrei	Zeitlich unbeschränkt	Weitergabe erlaubt
Open Source Software	✓	✓	✓	✓
Freie Software	✓	✓	✓	✓
Freeware	–	✓	✓	✓
Public Domain Software	–	✓	✓	✓
Shareware	–	–	–	✓
Shared Source Software	✓	–	–	–

Tabelle 2.1 Unterschiede der Softwarearten[26]

---

[22] Vgl. Mundhenke, J. (2007), S. 47.
[23] Ähnlich Jaeger, T./Metzger, A. (2006), S.7.
[24] Siehe auch Gläßer, L. (2004), S.18.
[25] Vgl. Jaeger, T./Metzger, A. (2006),S. 7.
[26] Eigene Darstellung in Anlehnung an Gläßer, L. (2004), S. 20.

2.2 Open Source Lizenzmodelle

Aktuell gibt es 67 von der Open Source Initiative genehmigte Lizenzen, [27] die alle den Kriterienkatalog der OSI erfüllen und somit dem Nutzer uneingeschränkten Zugang zum Quellcode und dessen Modifizierung und Weiterverbreitung gewähren.

Jedoch unterscheiden sich die Open Source Lizenzen untereinander zum Teil erheblich. Verursacht wird dies durch die so genannte Copyleft-Klausel, dem Pendant zum Copyright der proprietären Software. Während die Copyright-Lizenzen das Ziel haben wirtschaftliche Investitionen zu schützen und somit Nutzungs- und Vervielfältigungsrechte stark einschränken bzw. gänzlich verbieten, wirken Copyleft-Regelungen genau entgegengesetzt. Die Copyleft stellt folglich eine Schutzklausel dar, die sicherstellt, dass eine Weitergabe von Open Source Derivaten erfolgt und zwar unter denselben Lizenzbedingungen. Damit wird das Ziel verfolgt, Entwicklungen von Open Source Software weiterhin als frei zugängliche Software beizubehalten. [28]

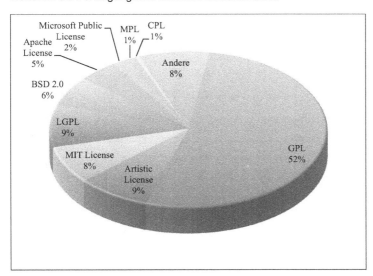

Abbildung 2.1 Häufigkeit der verwendeten Open Source Lizenzen[29]

---

[27] Vgl. http://www.opensource.org/licenses/alphabetical (Stand 26.04.2011).
[28] Vgl. Gläßer, L. (2004) S. 26 f.
[29] Eigene Darstellung mit den Daten von http://www.blackducksoftware.com/oss/licenses#top20 (Stand 15.02.2011).

Abbildung 2.1 stellt die Häufigkeit der in Open Source Projekten verwendeten Lizenzen dar. Es wird deutlich, dass lediglich neun dominierende Lizenzen 92% der Open Source Projekte abdecken. Im Folgenden werden diese Lizenzmodelle anhand ihrer Copyleft Abstufungen charakterisiert.

2.2.1 Lizenzen mit strenger Copyleft-Klausel

Bei dieser strengen Ausprägung werden Lizenznehmer dazu verpflichtet, abgeleitete Software unter der selben Lizenzbestimmung wie die Ursprungslizenz zu verbreiten. Damit wird vor allem verhindert, dass aus Open Source Software proprietäre Software wird.[30]

GPL - GNU General Public License

Das bekannteste Lizenzmodell mit strengem Copyleft-Effekt ist die GNU General Public License (GPL). Dieser Grundtypus[31] der meisten der Open Source Lizenzen enthält zwei Prinzipien: Bei Weitergabe der Software muss der gesamte Quellcode des Programms veröffentlicht werden und jede Modifikation an einer GPL Software muss ebenfalls unter GPL lizenziert werden. Eine Verwendung von Fragmenten einer GPL unterlegenen Software ist folglich nicht für proprietäre Zwecke erlaubt. Dadurch wird das geistige Eigentum der Open Source Gemeinde geschützt und eine kontinuierliche Entwicklung und Verbreitung von Softwarederivaten gewährleistet.[32]

Die GPL hat zur Konsequenz, dass jedes Programm, das bspw. auf eine Programmbibliothek zugreift, die unter der GPL steht, ebenfalls mit der GPL lizenziert werden muss. In der Praxis führt diese Eigenschaft zu Schwierigkeiten, wenn eine GPL lizenzierte Software mit anderen, nicht GPL kompatiblen, Lizenzen kombiniert werden soll, da eine Umlizenzierung dieser ohne das Einverständnis des Urhebers nicht möglich ist.[33]

Diese Unvereinbarkeit kann aber umgangen werden, wenn proprietäre Software über Schnittstellen mit Open Source Software kommuniziert und sich so deren Funktionen bedient. Darüber hinaus gelten diese Vorgaben der GPL lediglich im Falle einer Weiterverbreitung der modifizierten Software. Eine

---

[30] Vgl. Jaeger, T./Metzger, A. (2006),S. 4.
[31] Vgl. Jaeger, T./Metzger, A. (2006), S. 20; Saleck, T. (2005), S. 68.
[32] So Gläßer, L. (2004), S. 28 f.
[33] So Renner, T. et al. (2005), S. 20.

generelle Weitergabe von Software ist bei der GPL nicht verbindlich. Diese Kombinationen ermöglichen Unternehmen, ihre bisherige proprietäre Software mit aktueller Open Source Software zu kombinieren, dabei aber ihre vergangenen Investitionen zu schützen.[34]

CPL - Common Public License

Die Common Public License (CPL) ist eine von IBM für eigene Open Source Programme entworfene Lizenz mit grundsätzlich strengem Copyleft. Sie gewährt jegliche Freiheiten für Anwendungen, Modifizierungen und Verbreitungen von CPL lizenzierter Software. Eine CPL Software darf aber nicht in eine Software eingebunden werden, die unter einer anderen Lizenz steht. Folglich muss dessen Derivat ebenfalls unter CPL gestellt werden. Die Bestimmungen der CPL sehen jedoch keine verpflichtende Veröffentlichung des Quellcodes vor, lediglich ein Verweis auf die Ursprungsquelle muss vorhanden sein.[35]

2.2.2 Lizenzen mit beschränkter Copyleft-Klausel

Lizenzen mit beschränkter Copyleft-Klausel verlangen bei Modifikationen der Quellcodes ebenso das Beibehalten der Ursprungslizenz. Der Unterschied zu Lizenzen mit strenger Copyleft-Klausel ist, dass Änderungen, die als eigenständige Dateien hinzugefügt werden, keine Umlizenzierungen erfordern. Somit kann das Derivat einer Open Source Software unter proprietären Lizenzbestimmungen weiterverbreitet werden.[36]

Im Folgenden werden die gängigsten Lizenzen[37] mit beschränktem Copyleft, die GNU Lesser General Public License und die Mozilla Public License dargestellt.

LGPL – GNU Lesser General Public License

Die GNU Lesser General Public License (LGPL) wurde entworfen um das Problem der GPL zu beheben. Da die strenge Copyleft-Klausel der GPL keine Änderung der Lizenzierung bei Publikation von Derivaten gewährt, wären die Entwickler proprietärer Software gezwungen eigene Programmbibliotheken zu verwenden, um eine unerwünschte Umlizenzierung der eigenen Software zu

---

[34] Vgl. Gläßer, L. (2004), S. 28 f.
[35] Vgl. Saleck,T. (2005), S. 68 ff.
[36] Vgl. Gläßer, L. (2004), S. 26.
[37] Vgl. http://www.opensource.org/licenses/category (Stand 17.02.2011).

vermeiden. Dies würde dem Gesamtkonzept wenig dienen und Entwicklungen von proprietärer Software für Linux extrem erschweren, da es v.a. bei systemnahen Programmbibliotheken sinnvoll ist einen einheitlichen Standard zu entwickeln, bspw. zur Darstellung von Programmfenstern und Buttons.

In diesem Sinne ermöglicht die LGPL eine statische und dynamische Verlinkung von Bibliotheken mit Programmen, ohne dass eine Umlizenzierung der einzelnen Programme stattfinden müsste.[38]

Darüber hinaus können Programmteile und Funktionen, die unter ihr lizenziert sind, auch zur Entwicklung von proprietärer Software genutzt werden. Diese Eigenschaft ermöglicht eine schnelle und einfache Verbreitung und fördert somit das Erreichen eines de-facto-Standards. Eine Copyleft-Klausel der LGPL besteht dennoch. Diese verlangt weiterhin bei direkten Änderungen an Bibliotheken oder Programmfragmenten das Beibehalten der LGPL.[39]

MPL - Mozilla Public License

Die Mozilla Public License (MPL) wurde 1998 gleichzeitig mit der Freigabe des Quellcodes des Web-Browsers Netscape Navigator, der Vorversion des heutigen Mozilla, vom kommerziellen Unternehmen Netscape Communications Corporation vorgestellt. Diese Lizenz hält den Spagat zwischen der Freigabe eines Programms und der Wahrung vergangener Investitionen für eigene proprietäre Software. Im Gegensatz zu Lizenzen mit strenger Copyleft-Klausel differenziert die MPL nämlich zwischen Datei-Derivaten und Werkderivaten.

Datei-Derivate stellen Modifizierungen an MPL-lizenzierten Dateien oder deren Zusammenführung dar. Diese müssen weiterhin unter MPL lizenziert werden und deren Quellcode muss auf Anfrage ausgehändigt werden. Darüber hinaus ist die Lizenzierung der Binärdateien jedoch frei wählbar, sofern diese nicht in Konflikt mit der MPL steht.

Werkderivate hingegen stellen selbstständige Erweiterungen dar, welche eine MPL-lizenzierte Datei nicht direkt betrifft und folglich frei bzgl. ihrer Lizenzierung ist. Die Bestimmungen der MPL erhalten offene Schnittstellen und ermöglichen gleichzeitig proprietäre Erweiterungen. Im Hinblick auf die weit verbreiteten

---

[38] Vgl. Gläßer, L. (2004), S. 26 ff.
[39] Vgl. Saleck, T. (2005), S. 69.

Plug-Ins eines Web-Browser ist die praktikable Koexistenz von freien und proprietären Lizenzierungen nachvollziehbar.[40]

2.2.3 Lizenzen ohne Copyleft-Klausel

Lizenzen ohne Copyleft-Klausel gewähren dem Lizenznehmer alle Rechte einer Open Source Lizenz, stellen jedoch im Gegensatz zu Lizenzen mit strenger oder beschränkter Copyleft-Klausel auch im Falle der Weitergabe keine Bedingungen hinsichtlich der zu verwendenden Lizenztypen. Somit ist der Lizenznehmer bei Modifizierungen oder Erweiterungen frei in seiner Lizenzwahl.[41] Die hierfür beispielhaften Lizenzen, die BSD License, MIT License und Apache Software License, werden im Folgenden dargestellt.

BSD - Berkeley Software Distribution License

Die Bestimmungen der BSD License regeln prinzipiell nur die Einräumung von Nutzungsrechten des Lizenznehmers und verzichten auf Klauseln zum Copyleft. Dadurch bestehen bei Softwarederivaten keine Pflichten zur Publikation von Programmtexten oder zur Übernahme von Ursprungslizenzen. Dateien unter BSD Lizenzen ermöglichen also auch die Veröffentlichung von abgeleiteten Werken lediglich in Binärform oder unter proprietären Lizenzen.[42]

MIT License

Auch die von dem Massachusetts Institute of Technology entwickelte Lizenz, die sog. MIT License, räumt den Anwendern ein Recht zur uneingeschränkten Nutzung, Modifikation, Weiterverbreitung, sowie Umlizenzierung des Quellcodes ein. Es besteht lediglich die Bedingung an den Lizenznehmer, im Falle einer Weitergabe des Originalwerks, einen Urheberrechtsvermerk und diese Lizenzbestimmungen beizufügen.[43]

Apache Software License

Die Apache Software Foundation hat für eigene Open Source Produkte, wie dem Apache Webserver, eine eigenständige Lizenz, die Apache Software License entwickelt. Diese Lizenz erlaubt die ausschließliche Weitergabe von

---

[40] Vgl. Gläßer, L. (2004), S. 18 f.
[41] Vgl. Jaeger, T./Metzger, A. (2006), S. 5.
[42] So Gläßer, L. (2004), S.30 f.
[43] Siehe auch Gläßer, L. (2004), S.31.

Derivaten in Binärform, sofern dieselben Lizenzbedingungen beigefügt werden. Es besteht lediglich ein Verbot hinsichtlich der eigenen Marke, so darf der Name „Apache" nicht für Derivate verwendet werden.[44]

2.2.4 Weitere Lizenzierungen

Neben den Abstufungen von Copyleft-Klauseln gibt es auch Lizenzen, die eine Doppel-Lizenzierung ermöglichen, das so genannte Dual Licensing. Dabei wird ein Programm unter mehrere Lizenzen gestellt, insbesondere unter eine proprietäre und eine freie Lizenz.

Gründe der Hersteller für solch eine Doppel-Lizenzierung können zum einen wirtschaftliche Vorteile sein, wenn bspw. Testversionen oder Treiber unter Open Source Lizenzen gestellt werden, um eine gewisse Publizität zu erreichen oder um einen Standard zu setzen. Zum anderen können durch diese Double Licensing parallel Einnahmen erzielt werden und dennoch auf möglichst vielen Plattformen eingesetzt werden. Ferner kann unter anderen Kombinationen von Lizenzierungen das Problem fehlender Kompatibilitäten entschärft werden.[45]

Darüber hinaus existieren Lizenzen, bei denen Lizenznehmer Wahlmöglichkeiten haben, unter welchen Bestimmungen Weiterentwicklungen ihrer Software verbreitet werden sollen. Beispielhaft hierfür steht die Artistic License.[46]

2.3 Rechtsverbindlichkeit von Open Source Lizenzen

Das Thema Open Source Software stellt aus juristischer Sicht ein komplexes Themengebiet dar, insbesondere weil die meisten Open Source Lizenzen aus dem angloamerikanischen Raum stammen und die Übertragbarkeit bzw. Vereinbarkeit dieser Regelungen auf die deutsche Rechtsprechung nicht von vornherein geklärt ist.[47] Erst im Jahr 2004 hat das Landgericht München I als weltweit erstes Gericht die Open Source Softwarelizenz GPL als rechtlich

---

[44] Vgl. Saleck, T. (2005), S.71.
[45] Ähnlich Jaeger, T./Metzger, A. (2006), S. 71.
[46] Vgl. Gläßer, L. (2004), S.27.
[47] Vgl. Gläßer, L. (2004), S.43.

wirksame Lizenz eingestuft und die unmittelbare Anwendungspflicht des Urheberrechtsgesetzes auf diese Lizenz beschlossen.[48]

Um die Frage der Rechtsverbindlichkeit und damit die Durchsetzbarkeit von Open Source Lizenzen zu klären, ist es wichtig, die rechtliche Anspruchsgrundlage im Falle von Lizenzwidrigkeiten zu beleuchten. Hierzu werden zuvor die für den Untersuchungsgegenstand relevanten urheberrechtlichen Rahmenbedingungen erläutert.

2.3.1 Urheberrechte

Das Urheberrechtsgesetz (UrhG) schützt den Urheber eines Werkes der Literatur, Wissenschaft und Kunst, worunter insbesondere auch Computerprogramme fallen. [49] Dem Autor eines Programms wird das ausschließliche Recht gewährt, darüber zu entscheiden, welche Personen unter welchen Bedingungen sein Werk nutzen, verändern oder weiterverbreiten · dürfen. Computerprogramme unterliegen aufgrund ihrer besonderen Eigenschaft, als digitales Gut sehr einfach und verlustfrei vervielfältigbar zu sein, strengeren Schutzbestimmungen als andere Werkarten.[50] Nicht geschützt sind allerdings die den Programmen zugrundeliegenden Ideen,[51] allgemeine Funktionsprinzipien und Algorithmen. Das Urheberrechtsgesetz macht dabei aber keine Unterscheidung zwischen Software, deren Quellcode offen ist oder nicht. Somit finden die Urheberrechte auch Anwendung auf Open Source lizenzierte Produkte, und die Offenlegung des Quellcodes darf keinesfalls als Abtritt der Urheberrechte angesehen werden.[52]

Weitergehend wird durch die sogenannte „Linux-Klausel"[53] im § 32 Absatz 3 Satz 3 UrhG das Open Source Prinzip in besonderer Weise geschützt. [54] Demnach kann der Urheber unentgeltlich ein einfaches Nutzungsrecht an

---

[48] Vgl. http://www.medienrecht-urheberrecht.de/open-source-softwarerecht/72-rechtsfragen-open-source-software##Lizenzverstoß.

[49] Vgl. UrhG §§ 1,2.

[50] Vgl. Jaeger, T./Metzger, A. (2006), S. 76 f.

[51] Wenn in einem Computerprogramm eine neue und nicht nahe liegende Erfindung enthalten ist, kommt Patentschutz in Frage. Derartige Erfindungen werden auch computer-implementierte Erfindungen genannt. Derzeit ist in Deutschland und in Europa Software grundsätzlich nicht patentierfähig, jedoch gibt es inzwischen 30 000 patentierte computer-implementierte Erfindungen. Folglich stellt das Thema Softwarepatente bei Softwareentwicklern ein sehr umstrittenes Thema dar, welches in dieser Arbeit jedoch nicht näher beleuchtet wird.

[52] So das Landgericht München I, Urteil vom 19.5.2004 - Az. 21 O 6123/04.

[53] So Mundhenke, J. (2007), S. 149; Jaeger, T./Metzger, A. (2006), S. 88.

[54] Vgl. Mundhenke, J. (2007), S. 149.

jedermann einräumen.[55] Diese Klausel hebt die im Urheberrechtsgesetz verankerte angemessene Vergütung des Urhebers für seine Werke explizit für Open Source lizenzierte Programme auf. Diese Regelung wird als ausdrückliche Akzeptanz des Open Source Modells durch den Gesetzgeber gewertet.[56]

Als Rechteinhaber ist es ausschließlich dem Urheber eines Werkes gewährt, im Falle eines Lizenzverstoßes Rechte einzuklagen.[57] Daher ist es entscheidend, den Urheber eines Open Source Programms festzustellen.

Jedoch gestaltet sich im Hinblick auf die Entwicklergemeinschaft von Open Source Software, die typischerweise aus einer großen Anzahl von unabhängigen und auf der ganzen Welt verstreuten Programmierern besteht, die Frage nach dem Urheber u.U. schwierig.[58]

In der Praxis entwickelten sich grundsätzlich folgende Konstellationen bei der Entwicklung von Open Source Software:

• Die rechtlich einfachste Struktur der Softwareentwicklung ist die Entwicklung eines vollständigen Programms durch einen Programmierer, der dieses erst nach Beendigung unter eine Open Source Lizenz stellt. Dasselbe gilt bei einer Software, die durch mehrere Programmierer innerhalb eines Unternehmens entwickelt und dann unter einer Open Source Lizenz freigegeben wurde. Der alleinige Urheber ist dann der Programmierer bzw. das Unternehmen.[59]

• Bei selbstständigen Programmen und Programmteilen, die unabhängig von einander geschrieben wurden, selbstständig verwertbar sind und erst im nachhinein zusammengefügt wurden, entsteht ein verbundenes Werk. Jeder Entwickler ist dann weiterhin der Urheber des von ihm geschaffenen Moduls.[60]

• Wenn die Open Source Software im Rahmen eines einheitlichen Prozesses durch verschiedene, auch örtlich getrennte, Programmierer erfolgt, spricht das Urheberrechtsgesetz von sogenannten Miturhebern,

---

[55] Vgl. UrhG § 32 Abs. 3 Satz 3.
[56] So Mundhenke, J. (2007), S. 146; Jaeger, T./Metzger, A. (2006), S. 88 f.
[57] So Jaeger, T./Metzger, A. (2006), S. 102.
[58] So Gläßer, L. (2004), S. 44.
[59] Vgl. Jaeger, T./Metzger, A. (2006), S. 93.
[60] Vgl. UrhG § 9.

die stets gemeinsam über die Verwertung des Programms entscheiden.[61]

- Abschließend kann eine Open Source Software auch aus der Bearbeitung eines bestehenden Programmcodes entstehen.[62] Bei dieser Zusammensetzung sind sowohl das Originalwerk als auch das veränderte Derivat selbstständig urheberrechtlich geschützt. Die Bearbeitung und Veröffentlichung des Derivats darf jedoch rechtlich nur unter der Einwilligung des Urhebers des Basiswerks vorgenommen werden.[63]

2.3.2 Anspruchsgrundlage bei Lizenzverletzung

Rechtsverletzungen gegen Lizenzbedingungen können prinzipiell in zwei Kategorien eingeteilt werden. Entweder hat der Anwender keine Nutzungsrechte an der Software oder der Lizenznehmer hat gegen Lizenzbedingungen verstoßen, genießt aber weiterhin Nutzungsrechte an der Software.[64]

Der Fall, dass der Anwender keine Nutzungsrechte an der Software besitzt, kann zum einen die Ursachen haben, dass niemals ein gültiger Vertrag zwischen dem Urheber und dem Lizenznehmer zustande gekommen ist. Da die Klauseln der Open Source Softwarelizenzen nach deutschem Recht jedoch Allgemeine Geschäftsbedingungen und somit vorformulierte, rechtsgültige Vertragsbedingungen darstellen, wird regelmäßig davon ausgegangen, dass die Anwendung einer Open Source Software und damit die Lizenzbedingungen eine beidseitige schuldrechtliche Verpflichtung zwischen Urheber und Nutzer der Software darstellen.[65]

---

[61] Vgl. UrhG § 8.
[62] An dieser Stelle sollte jedoch die Problematik nicht unerwähnt bleiben, dass in der Praxis die Übergänge zwischen der Bearbeitung und der Weiterentwicklung eines Programmes nicht immer eindeutig abgrenzbar sind bzw. unterschiedlichste Kombinationen der genannten Möglichkeiten zur Zusammenarbeit bei Open Source Projekten entstehen und damit die Frage nach dem Urheber erschweren.
[63] Vgl. UrhG §§ 3, 23, 69c.
[64] Vgl. Landgericht München I, Urteil vom 19.5.2004 - Az. 21 O 6123/04.
[65] Damit die Allgemeinen Geschäftsbedingungen rechtswirksam sind müssen sie bestimmte Kriterien nach §§ 305 ff. des Bürgerlichen Gesetzbuches (BGB) erfüllen, worunter insbesondere die Anforderungen fallen, dass die Geschäftsbedingungen allgemein zugänglich sind und den Vertragspartner nicht unangemessen benachteiligen. Die Open Source Softwarelizenzen, insbesondere auch die GPL, erfüllen diese Kriterien der §§ 305 ff. BGB.

Die zweite Ursache für den Wegfall von Nutzungsrechten tritt insbesondere bei Lizenzen mit starkem Copyleft auf. So hat beispielsweise die, unter den Open Source Projekten populärste Lizenz, GPL eine explizite Klausel, die bei lizenzwidrigem Verhalten automatisch zum Erlöschen der Nutzungsrechte führt.[66]

In jedem Fall führt das Nichtvorhandensein von Nutzungsrechten beim Anwender zu Urheberrechtsverletzungen. Damit kann der Urheber nach den §§ 97 ff. UrhG Ansprüche auf Unterlassung weiterer Verletzungshandlungen, Beseitigung des Verletzungszustandes und im Falle des schuldhaften Handelns sogar Schadensersatz geltend machen.[67]

Dagegen haben Lizenzen ohne Copyleft-Klauseln i.d.R. keine expliziten Regelungen zu den Rechtsfolgen von lizenzwidrigem Verhalten. Damit fallen also die Nutzungsrechte an der Software nicht komplett weg. Jedoch entstehen durch den Verstoß gegen Lizenzbedingungen und damit auch gegen vertraglich bindende Pflichten, schuldrechtliche Ansprüche. Diese ermöglichen wiederum eine Durchsetzung der Lizenzpflichten auf zivilrechtlichem Weg.[68]

---

[66] Vgl. Jaeger, T./Metzger, A. (2006), S. 99.
[67] Vgl. http://www.medienrecht-urheberrecht.de/open-source-softwarerecht/72-rechtsfragen-open-source-software##Lizenzverstoß.
[68] Vgl. Jaeger, T./Metzger, A. (2006), S. 99.

3 Die Entwicklergemeinde der Open Source Software

Die Vorstellung des „homo oeconomicus" bildet zu großen Teilen die Grundlage der Wirtschaftswissenschaften. Der rational handelnde Mensch verfolgt das Ziel der eigenen Nutzenmaximierung. Damit das Unternehmen seinen Profit maximieren kann, muss der Verkaufspreis seines Produkts dessen Kosten übersteigen. Ferner lehrt die Betriebswirtschaftslehre auch, dass trotz Kostenoptimierung Qualität seinen Preis hat.[69]

Diesem Theorem steht auf dem ersten Blick die Open Source Softwareentwicklung entgegen. Weltweit koordinieren sich Privatpersonen und Unternehmen, wie IBM, HP oder Sun Microsystems und investieren Kapital in Form von Zeit, Arbeit und Innovationen in die Entwicklung qualitativ hochwertige Software. Dabei werden keine unmittelbaren geldwerten Gegenleistungen dieser Aufwendungen beansprucht. Darüber hinaus wird die Software und der damit verbundene Nutzen für die Allgemeinheit freigegeben ohne Lizenzgebühren für das wertvolle immaterielle Gut zu erheben.[70]

Wenn zusätzlich noch betrachtet wird, wie viel Geld Hersteller proprietärer Software verdienen, hört sich dieser Sachverhalt nicht nur für Ökonomen zunächst paradox an. Vorbehalte gegenüber Open Source Software werden u.a. durch diese Widersprüchlichkeiten des Open Source Prinzips zur klassischen ökonomischen Lehre verursacht.[71]

Das folgende Kapitel befasst sich mit der Frage, welche Anreize das Konzept Open Source den Entwicklern bietet, wenn traditionelle extrinsische Motivationen, wie monetäre Entlohnung, primär nicht vorhanden sind. Zur Lösung dieser Fragestellung müssen private Entwickler und beteiligte Software-unternehmen getrennt betrachtet werden. [72] Zuvor wird einleitend der geschichtliche Hintergrund der Entwicklung von Open Source Software beschrieben.

---

[69] Im Zentrum der modernen ökonomischen Theorie stehen die Erkenntnisse des Werks „An Inquiry into the Nature and Causes of the Wealth of Nations" von Adam Smith (1776). Darin wird erläutert, wie die „unsichtbare Hand des Markts" den Egoismus des Einzelnen in wachsenden Wohlstand für die Allgemeinheit transformiert.
[70] Vgl. Brügge, B. et al. (2004), S. 100 ff.; John, A. (2004), S. 2.
[71] Siehe auch Saleck, T. (2005), S. 37 f.
[72] In Anlehnung an Luthiger, B. (2004), S. 94.

3.1 Die Historie des Open Source Modells

Die ursprüngliche Einnahmequelle der IT-Industrie war in den 1960er bis 1980er Jahren primär der Verkauf und die Wartung von Hardware. Die Softwarequellen waren offen und stellten kein Gut mit eigenem wirtschaftlichen Wert dar, sondern wurden hardwarespezifisch entwickelt und mit dieser zusammen verkauft. Dabei wurden Computer hauptsächlich von IT-Fachleuten, wie Programmierern und Systementwicklern genutzt, die gleichzeitig ihren Bedürfnissen entsprechend Anwendungen schrieben und untereinander austauschten.[73]

Bereits zu dieser Zeit wurden große Anstrengungen getätigt, ein Betriebssystem zu entwickeln, das auf verschiedenen Hardware-Plattformen funktioniert. Das bekannteste Beispiel ist das 1969 von Bell Laboratories veröffentlichte Betriebssystem UNIX. Durch das Aufkommen des Computernetzwerks Usenet Ende 1970 wurde der Austausch von Quellcodes innerhalb der UNIX-Gemeinde verstärkt.[74]

Der entscheidende Umbruch im Umgang mit Quellcode und dem Versuch ein einheitliches Betriebssystem zu entwickeln, kam mit dem Aufkommen von proprietären UNIX-Systemen. Hardwarehersteller wie IBM, HP, DEC brachten abweichende Varianten von UNIX-Systemen heraus, die jeweils nur auf der eigenen Hardware-Plattform lauffähig waren. Der jahrelange Prozess des Programmaustauschs und der gemeinschaftlichen Entwicklung wurde durch proprietäre Entwicklungen ersetzt.[75]

Im Gegenzug zu dieser kommerziellen Privatisierung von Quellcodes startete 1984 Richard Stallmann das GNU-Projekt, ein Betriebssystem, welches die Funktionalitäten von UNIX übernahm, jedoch komplett neu geschrieben wurde mit dem Ziel, freie Alternativen zu proprietärer Software zu schaffen. Im darauf folgenden Jahr wurde die Institution Free Software Foundation gegründet. Diese dient nicht nur der finanziellen und organisatorischen Unterstützung der Entwicklungsarbeiten von freier Software, sondern verkörpert auch die Philosophie der Freiheit der Software.[76] Diese Motivation wurde u.a. durch die speziell für eigene Zwecke entwickelte Lizenz GNU General Public License, mit

---

[73] Vgl. Mundhenke, J. (2007), S: 50.
[74] Vgl. Wichmann, T. (2005), S.9.
[75] Vgl. Brügge, B. (2004), S. 10.
[76] Siehe auch http://www.fsf.org/.

einem starken Copyleft-Effekt, zum Ausdruck gebracht. Trotz zahlreicher Erfolge, insbesondere durch die erstmalige Kodierung des Linux Kernels von Linus Torvalds 1991, die in Zusammenarbeit mit dem Betriebssystem GNU der Free Software Foundation eine ernstzunehmende Konkurrenz für proprietäre Anbieter wie Microsoft darstellte, fand der idealistische Ansatz im Umgang mit Quellcodes in der Wirtschaft, insbesondere in der IT-Branche, kaum Anwendung.[77]

Um diesem Problem entgegenzuwirken etablierte sich 1998 die von Bruce Perens und Eric S. Raymond gegründete Open Source Initiative (OSI). Der Gründung dieser Initiative gingen insbesondere folgende Ereignisse voraus: Eric S. Raymond veröffentlichte im Jahr zuvor sein Paper „The Cathedral and the Bazaar". Darin erläutert Raymond die Anwendungspraktiken der Hacker-Gemeinschaft und weckte erstmals ein weitverbreitetes Interesse an der Open Source Softwareentwicklung. In seiner Analyse werden die Anreize und die damit einhergehenden Effizienzen der offenen Open Source Software-entwicklung den hierarchischen Strukturen der proprietären Softwareherstellung gegenübergestellt. Im folgenden Jahr gab das Softwareunternehmen Netscape Communications erstmalig den Quellcode seines Webbrowsers Netscape Navigator zur offenen Programmierung frei. [78]

Die Priorität der OSI besteht darin, die Open Source Entwicklung zu stärken, indem sie die Zusammenarbeit von Entwicklern und Anwendern, insbesondere aus der Wirtschaft und der öffentlichen Verwaltung, organisiert. Hierzu koordi-niert die OSI bspw. Gipfeltreffen mit Führungskräften aus dem öffentlichen und privaten Sektor um Open Source Technologien, Lizenzen und Modelle derart zu Entwickeln, dass sie wirtschaftliche und strategische Vorteile in Organisationen darstellen.[79] Damit stellt die pragmatischer orientierte Open Source Initiative die Neutralität von Software und die Rechte der Anwender in den Vordergrund, die durch die Entwicklung der im vorangegangen Kapitel erläuterten Open Source Definition gefestigt wurde. Mithilfe dieses Konzepts gelang es der OSI und der Open Source Community Unterstützung von namhaften Unternehmen wie bspw. IBM, Oracle, Sun, HP, SAP und Apple zu erhalten.[80]

---

[77] So Kharitoniouk, S./Stewin, P. (2004), S. 7.
[78] So Mundhenke, J (2007), S.50 ff.
[79] So http://www.opensource.org/history.
[80] Vgl. Wichmann, T. (2004), S. 9 f.; Saleck, T. (2005), S. 13.

3.2 Motivation der privaten Entwickler

Empirische Untersuchungen der Boston Consulting Group haben gezeigt, dass die Open Source Entwickler durch ein Bündel von intrinsischen Motivationen einen größeren Nutzen aus der Beteiligung an Open Source Projekten ziehen, als bei der Mitarbeit an einer proprietären Software in einem Unternehmen.[81]

Dabei entsteht ein maßgeblicher Nutzwert durch den eigenen Gebrauch der Open Source Software.[82] Der Entwickler steht in der Position des Anwenders, dessen individuelle Ansprüche an eine Software nicht erfüllt werden. Daher versucht dieser entweder ein entsprechendes Programm zu erzeugen oder ein bestehendes Softwareprogramm seinen Bedürfnissen entsprechend abzuändern. Diese Rolle wird auch als „Prosumer"[83] bezeichnet.

Nicht nur der eigene Gebrauch mit einer zufriedenstellenden Software motiviert Entwickler, sondern auch der Spaß am Programmieren selbst. Das Programmieren ist für Entwickler eine Leidenschaft. Der Ansatz hierzu, das Angenehme mit dem Nützlichen zu verbinden und zu versuchen mit diesem Privatvergnügen Geld zu verdienen, ist durch die Bedingungen innerhalb eines kommerziellen Umfeldes jedoch nicht vollständig umsetzbar. Vermehrter Druck durch hierarchische Strukturen und autoritäre Vorgaben wirken einem innovativem und ausgelassenem Umfeld entgegen. Darüber hinaus lassen sich Open Source Entwickler über direkte monetäre Anreize nicht zu mehr Engagement und Leistung bewegen.[84]

Des Weiteren ziehen Entwickler von Open Source Software einen Nutzen aus der Steigerung ihres Sozialstatus'.[85] Hierunter fällt zum einen die starke Bindung zur Open Source Community. Eine Analyse der Boston Consulting Group ergab, dass bei Open Source Programmierern ein enger positiver Zusammenhang zwischen der Identifikation mit der Entwicklergemeinschaft und dem Engagement für deren Gruppenziele liegt.[86] Je stärker sich die Entwickler in die Community eingliedern und sich mit dieser identifizieren, desto mehr

---

[81] Die empirische Studie der Boston Consulting Group von den Autoren Lakhani, K. R./ Wolf, R. G. (2005) liefern ähnliche Ergebnisse wie die empirische Studie von Hars, A./Ou, S. (2002) und die Beiträge von Brügge, B. et al. (2004), S. 100 f.; Luthiger, B. (2004), S. 95 ff.; Saleck, T. (2005), S.17.
[82] So Lakhani, K. R./Wolf, R. G. (2005), S. 23.
[83] So Luthiger, B. (2004), S. 95.
[84] Vgl. Luthiger, B. (2004), S. 97.
[85] Vgl. Brügge, B. et al. (2004), S. 100.
[86] So Lakhani, K. R./Wolf, R. G. (2005), S. 12.

wollen sie für ihre Gruppe leisten. Zum anderen folgern herausragende Leistungen auch den Genuss von größerer Anerkennung innerhalb der Open Source Community, aber auch gleichzeitig bei potenziellen Arbeitgebern. Die erworbene Reputation dient als Signalwirkung zur Förderung der eigenen Karriere. Die Open Source Community legt auch ohne Copyright großen Wert auf die Wahrung des Rufs ihrer Entwickler. So ist bspw. das Splitten eines Programms oder die Unkenntlichmachung von Namen des Autors innerhalb der Gemeinschaft streng verpönt.[87]

Eine weitere intrinsische Motivation für Open Source Entwickler ist die intellektuelle Stimulation und Weiterentwicklung. Das Lernen und Verbessern eigener Fähigkeiten durch die Bewältigung komplexer Problemstellungen inspiriert Fachleute ebenso wie Hobbyprogrammierer.[88]

Ferner begründet das Engagement der Entwickler, die Ideologie, dass Sourcecodes offen zugänglich sein müssen und das Gefühl der Reziprozität gegenüber der Community durch die eigene Nutzung von Open Source Software.[89] Die Umfrage der Boston Consulting Group ergab, dass ein Drittel der Entwicklergemeinde sich aus altruistischen Motiven an der Entwicklung quelloffener Programme beteiligt.[90]

Folglich führen die zuvor beschriebenen intrinsischen Anreize dazu, dass die Entwickler in der Summe einen größeren Nutzen aus dem unentgeltlichen Engagement für Open Source Projekte ziehen, als bei der Kommerzialisierung der Programmiertätigkeiten. Aus diesem Grund wird dem zentralen Ansatz der wirtschaftswissenschaftlichen Lehre, dass Individuen Nutzenmaximierer sind, nicht widersprochen. Im Gegenteil, diese Grundtheorie greift auch innerhalb des Open Source Konzepts in vollem Umfang. Es gilt lediglich, monetäre Aspekte um psychologische und soziale Anreize zu erweitern, damit ein vollständiges Bild über Anreizsysteme gebildet wird.

---

[87] Ähnlich Luthiger, B. (2004) S. 95.
[88] Vgl. Brügge, B. et al. (2004), S. 100.
[89] Vgl. Luthiger, B. (2004), S. 96
[90] Vgl. Lakhani, K. R./Wolf, R. G. (2005), S. 12.

3.3 Anreizfaktoren der Unternehmen

Obwohl Unternehmen den direkten Gegenpol zur Open Source Community darstellen, sind auch für sie Anreize zur Beteiligung an der Entwicklung von Open Source Software vorhanden. [91] Prinzipiell verfolgt ein Unternehmen strategische Ziele, indem es eigene, ehemals proprietäre Software als Open Source Software freigibt oder sich in die Wertschöpfung von Open Source Software durch direkte und indirekte Investitionen an der Weiterentwicklung eines existierenden Programms beteiligt oder ein neues Open Source Projekt initiiert. Dabei ist anzumerken, dass das Ausmaß der Vorteile letztendlich stark variiert, weil sie davon abhängen, auf welche Weise das Unternehmen die Open Source Software nutzt. [92]

Der große Vorteil von Softwareentwicklung innerhalb des Open Source Konzepts ist, dass durch die große Entwicklergemeinde, eine Software viel schneller entwickelt, verbessert und darin enthaltene Fehler behoben werden können. Die Software wird in der Open Source Community direkt nach Freigabe des Quellcodes verwendet und unterliegt damit gleichzeitig einer Qualitätskontrolle, da eine große Anzahl an Mitglieder mit entsprechenden Programmierkenntnissen den Programmcode begutachten, überarbeiten und verbessern können. Dadurch hat das Unternehmen auch die Möglichkeit zeit- und kostenintensive Testphasen von Software und Ausgaben für Gehälter externer Programmierer zu sparen. [93]

Ferner wird durch die Beteiligung an der Entwicklung von grundlegenden Basistechnologien das Erreichen eines Standards erzielt. Die Vorteile einer Standardisierung für das einzelne Unternehmen bestehen darin, dass Inkompatibilitäten umgangen werden und durch eine Einflussnahme bereits in der Entwicklung eigene Anforderungen direkt in das Open Source Produkt integriert werden können. Diese Standardisierung bringt auch den Vorteil mit sich, dass sie einen kostengünstigen Inputfaktor für die eigene Produktion darstellt. Zum einen werden durch die Einbindung der eigenen Anforderungen in die Standardversion bei Softwarereleases künftige Integrationsarbeiten erspart und zum anderen können durch fehlende Lizenzkosten diese Open

---

[91] Vgl. Mundhenke, J. (2007), S. 84.
[92] Vgl. Brügge, B. et al. (2004), S.103.
[93] Vgl. Wieland, T. (2004), S. 109.

Source Technologien in Kombination zu eigenen Produkten zu günstigen Preisen angeboten werden. [94]

Darüber hinaus kann ein Unternehmen durch die Beteiligung an einem Open Source Projekt beabsichtigen, ein Alternativprodukt zum Angebot eines Konkurrenten zu entwickeln. Das Ziel dabei ist es einerseits die Marktposition des Konkurrenten zu drücken und die Zahlungsbereitschaft des Marktes von der Konkurrenz auf die eigenen Produkte umzuverteilen, andererseits sollen Abhängigkeiten von Anbietern mit Monopolstellung reduziert werden. [95] Beispielhaft hierfür ist die Freigabe und Unterstützung von StarOffice bzw. OpenOffice.org durch Sun Microsystems gegen das Konkurrenzprodukt MS Office von Microsoft.

Des Weiteren wird durch den Beitrag an Open Source Software eine positive Reputation des Unternehmens entwickelt. Durch wertvolle Beiträge wird das Unternehmen von der Open Source Community als Gemeinschaftsmitglied aufgenommen und bei eigenen Projekten unterstützt. Die Offenlegung des Quellcodes und damit der Leistungsfähigkeit des Unternehmens ermöglicht zudem die Bildung einer technischen Reputation. Die Nutzer haben die Möglichkeit den Programmcode zu analysieren und zu bewerten. Umgekehrt fordert gerade diese externe Begutachtung eine Disziplinierung der Programmierer hinsichtlich klarer Strukturen, sauberer Codes und besserer Dokumentationen, was wiederum die Qualität eines Beitrags steigert.[96]

Abschließend werden auch Vorteile beim Ausbau des Humankapitals erwartet. Die Beteiligung an der Entwicklung von Open Source Technologien ermöglicht einen beschleunigten Transfer von neuem Wissen in das Unternehmen, erhöht durch die Schaffung eines kreativen Arbeitsumfeldes die Produktivität der Angestellten und das Unternehmen kann sich gleichzeitig als attraktiver Arbeitgeber positionieren. Ferner besteht die Möglichkeit für Unternehmen, ohne Risiken durch bindende Verträge, potenzielle Mitarbeiter zu beobachten, die ihre fachliche Qualität im Rahmen der Open Source Softwareentwicklung unter Beweis stellen.[97]

---

[94] Vgl. Mundhenke, J. (2007), S.84 f.
[95] Vgl. Mundhenke, J. (2007), S. 85.
[96] Vgl. Brügge, B. et al. (2004), S.104 f.
[97] Vgl. Mundhenke, J. (2007), S. 85.

4 Geschäftsmodelle auf der Basis von Open Source Software

Das Modell der Open Source Software hat sich in der Unternehmenspraxis insbesondere durch die Möglichkeit einen Wettbewerbsvorteil auszubauen und dadurch Gewinne zu generieren, etabliert.[98] Dabei kann die Open Source Software entweder als Inputfaktor in den laufenden Geschäftsprozess eingesetzt werden oder sie dient als Grundlage für die Geschäftstätigkeit eines Unternehmens, um komplementäre Dienstleistungen und Produkte anzubieten. Das folgende Kapitel beschäftigt sich mit dem zweiten Fall und beschreibt, wie Unternehmen auf der Basis von quelloffener Software Profite erwirtschaften. Hierzu wird einleitend die Wertschöpfung von Software dargestellt, um darauf aufbauend die verschiedenen Geschäftsstrategien auf der Basis von Open Source Software zu erläutern. Abschließend wird der wirtschaftliche Erfolg dieser Geschäftsmodelle beleuchtet.

4.1 Die Wertschöpfung von Software

Der Begriff Geschäftsmodell hat sich aus der Wirtschaftsinformatik entwickelt und beinhaltet ursprünglich die Abbildung von unternehmensinternen Prozessen und Datenflüssen auf Informationstechnologiesysteme zur Unterstützung von Unternehmen. Heute stellt der Begriff wortgetreu die modellhafte Beschreibung der Geschäftstätigkeit eines Unternehmens dar. Ein Geschäftsmodell besteht dabei aus den Komponenten Ertragsmodell, Nutzenversprechen und Architekturen der Wertschöpfung.

Das Ertragsmodell definiert wodurch Erträge künftig erwirtschaftet werden und bestimmt den Wert des Unternehmens. Das Nutzenversprechen, auch „Value Proposition" genannt, definiert welchen Nutzen das Geschäftsmodell für Kunden und Geschäftspartner generiert. Die Architekturen der Wertschöpfung erklären anhand der verschiedenen Stufen der Wertschöpfung eines Produktes, auch Wertschöpfungskette genannt, welche Leistungen erbracht werden müssen um den Nutzen auch tatsächlich zu erzeugen.[99] Darauf aufbauend wird der individuelle Beitrag zur Wertschöpfung des Produkts festgelegt, bei dem

---

[98] Vgl. Mundhenke, J. (2007), S. 129.
[99] Vgl. http://de.wikipedia.org/wiki/Geschäftsmodell; Tomczak, T./Sausen, K. (2002), S.1.

sich das Unternehmen durch Kostenvorsprünge oder Differenzierungspotenzial den größtmöglichen Wettbewerbsvorteil am Markt verspricht.[100]

Um Geschäftsmodelle auf der Basis von Open Source Software zu erklären, werden zunächst anhand der folgenden Abbildung 4.1 die Elemente der Wertschöpfung von Software [101] betrachtet, die den Nutzen für den Endanwender erzeugen.

Abbildung 4.1 Wertschöpfung von Software[102]

Die Wertschöpfungskette von Software gliedert sich grundsätzlich in drei Hauptkategorien: Softwareerstellung, Distribution und Serviceleistungen.[103]

Die Softwareerstellung stellt den Anfang der Wertschöpfungskette dar und setzt sich aus den Prozessen der Softwareentwicklung und Programmierung, der Softwaredokumentation und dem Packaging zusammen. Die Software-entwicklung und Programmierung ist die erste Phase, in der anhand von Problemstellungen oder speziellen (Kunden-) Anforderungen der Quelltext der Software geschrieben wird und folglich das Produkt Software in seiner Funktionalität und seinem Design entsteht. Bei der Softwaredokumentation werden Informationen zur Software und deren Anwendung aggregiert, bearbeitet und aufgezeichnet. Beim Packaging werden diese einzelnen Softwareteile zu einem vertriebsfertigen Gesamtpaket zusammengestellt.[104]

---

[100] Vgl. Porter, M. E. Wettbewerbsvorteile zitiert nach Peemöller, V. H. (2005), S.135.

[101] Alle folgenden Betrachtungen beziehen sich auf Standardsoftware. Bei Individualsoftware ist auf Grund ihrer Eigenschaft, dass sie i.d.R. über sehr spezielle Funktionen verfügt und dadurch nur vereinzelt verwendet werden kann, kein großer Anreiz für die Open Source Gemeinschaft vorhanden, sich an der Entwicklung zu beteiligen. Daher werden in dieser Arbeit die Besonderheiten von Individualsoftware nicht beleuchtet.

[102] Eigene Darstellung in Anlehnung an Leiteritz, R. (2004), S. 3.

[103] Vgl. Berlecon Research (2002), S. 23.

[104] Vgl. Kooths, S./Langenfurth, M./Kalwey, N. (2003), S. 44.

Nach der Erstellung der Software schließt die zweite Kategorie der Wertschöpfungskette, die Distribution von Software, an. Hierunter fällt der betriebliche Umsatzprozess, Marketing und Vertrieb. Dieser umfasst insbesondere die Planung, Koordination und Kontrolle aller Vermarktungs- und Absatzaktivitäten des Unternehmens auf potenziellen und aktuellen Märkten.[105]

Die Serviceleistungen stellen die dritte Hauptkategorie dar. Darunter fällt zunächst die Beratung. Dieser Prozess beinhaltet die Unterstützung des Anwenders vor der eigentlichen Implementation der Software. Dabei werden individuelle Anforderungen an die einzusetzende Software analysiert um darauf aufbauend eine passende Software auszuwählen. Im Rahmen der Implementation und Integration wird die Software beim Anwender vor Ort installiert und den gegebenen Anforderungen angepasst. Das Training beinhaltet die Schulung von Nutzern der Software. Der Support ist für After-Sales-Leistungen zuständig. Auftretende Probleme, Umgebungsänderungen oder auch Programmupdates und Backups zählen zu den Aufgabenbereichen des Supports von Software.[106]

Bei kommerzieller Software stellen Hersteller sicher, dass die gesamte Wertschöpfungskette abgedeckt wird. Bei Open Source Produkten hingegen fehlten ursprünglich Teile der Wertschöpfungskette. Die Entwickler, seien es private oder kommerzielle, decken zunächst die erste Kategorie, die Softwareherstellung, ab. Für einen effizienten Einsatz des Endanwenders sind die nachgelagerten Prozesse der Wertschöpfung jedoch unentbehrlich. [107]

Genau diese Lücke in der Wertschöpfung dient inzwischen Unternehmen im kommerziellen Sektor als Basis für ihr eigenes Geschäftsmodell. Sie bieten komplementäre Dienstleistungen und Produkte zu Open Source Software an oder stellen einen Marktplatzt für Interessensgruppen zur Verfügung.

---

[105] Vgl. Leiteritz, R. (2004), S. 3.
[106] Vgl. Kooths, S./Langenfurth, M./Kalwey, N. (2003), S.46.
[107] Vgl. Gläßer, L. (2004), S. 50.

4.2 Komplementäre Dienstleistungen

Die Dienstleistungsunternehmen ergänzen, die von den Open Source Software-entwicklern nicht abgedeckten Prozesse der Wertschöpfungskette, wie die folgende Abbildung 4.2 verdeutlicht. Sie nehmen die Rolle des Distributors, IT-Beraters, Systemintegrators oder Servicedienstleisters für Training und Support ein.

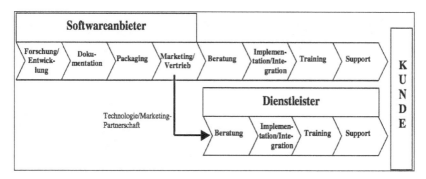

Abbildung 4.2 Komplementäre Dienstleister[108]

In der Praxis werden am häufigsten Linux-Systeme über kostenpflichtige Distributionsleistungen vertrieben. Diese Distributoren stellen bspw. den Linux-Kernel zusammen mit weiteren System- und Anwendungsprogrammen in einem abgestimmten Betriebssystem bereit. Bekannte Beispiele hierzu sind die openSUSE Linux und Red Hat Enterprise Linux.[109] Der Mehrwert für die eigentlich kostenlosen Programme entsteht für den Kunden dadurch, dass sie vom Hersteller eine Garantie haben und die zusammengestellte Version in sich konsistent ist und fehlerfrei funktioniert.[110]

Die weiteren Serviceleistungen, wie die Beratungsaufgaben vor der eigentlichen Implementation, professionelle Schulungen und Supportleistungen[111], unterscheiden sich vom Angebot der kommerziellen Softwarehersteller nicht wesentlich.[112] Namhafte Unternehmen wie HP oder

---

[108] Quelle: Leiteritz, R. (2002), S. 8.
[109] Vgl. Mundhenke, J. (2007), S.130.
[110] So http://www.oreilly.de/opensource/magic-cauldron/cauldron.g.indirect.html#segment.9.3.
[111] Tätigkeitsbereich der jeweiligen Dienstleister ist in Kapitel 4.1 näher beschrieben.
[112] So Leiteritz, R. (2004), S. 12.

Siemens Business Services bieten daher IT-Serviceleistungen für Linux ebenso wie für proprietäre Betriebssysteme wie Windows an.[113]

Darüber hinaus gibt es Unternehmen, die bewusst Softwarelizenzen freigeben, mit dem Wissen, dass Endanwender zur optimalen Nutzung auf die Dienstleistungsangebote des Herstellers im Beratungs- oder Supportbereich angewiesen sind,[114] wie bspw. Pentaho[115], eine Business-Intelligence-Software zur systematischen Datenanalyse.

Hinzukommend erleichtern gerade im Dienstleistungsbereich offene Schnittstellen bzw. kompatible Programme die eigene Arbeit. Deshalb werden eigene Programme kostenlos und als Open Source Produkt freigegeben. So begründet Dr. Sturz, Gründer des Übersetzungsdienstleisters Transline, die Unterstützung der Entwicklung des kostenlosen Open Source Übersetzungsprogramms opentms.

Der Gründer der Open Source Initiative Eric S. Raymond verglich dieses Geschäftsmodell mit dem „Herschenken von Rezepten und Eröffnen eines Restaurants". [116] Die Zielgruppen dieser kundennahen Prozesse sind insbesondere Unternehmen und deren IT-Entscheider.[117] Andersherum ist für die Akzeptanz von Open Source Software im Unternehmensalltag die Verfügbarkeit von qualitativen Dienstleistungen von entscheidender Bedeutung.[118]

---

[113] So Gläßer, L. (2004), S. 120 ff.
[114] Da diese Unternehmen sowohl Software entwickeln, als auch Dienstleistungen für Software erbringen, ist die Abgrenzung nicht immer eindeutig. Bei dieser Betrachtung, wird davon ausgegangen, dass die Haupteinnahmequelle des Unternehmens Dienstleistungen sind.
[115] Siehe auch http://www.pentaho.com/.
[116] So http://www.oreilly.de/opensource/magic-cauldron/cauldron.g.indirect.html#segment.9.3.
[117] So Leiteritz, R. (2004), S. 15.
[118] Vgl. Mundhenke, J. (2007), S.130.

4.3 Komplementäre Produkte

Komplementäre Produkte zu Open Source Software können hinsichtlich Software-, Hardware-, und Zubehörangeboten unterschieden werden. Bei diesen Komplementen stellt die Basis bzw. die technische Plattform ein Open Source Programm dar. Die Unternehmen stimmen dann das Open Source Programm auf das individuelle Produkt ab oder entwickeln diese mit proprietären Anteilen weiter und kommerzialisieren dadurch Open Source Software.[119]

4.3.1 Komplementäre Software

Bei Software haben Unternehmen folgende Möglichkeiten um auf der Basis einer Open Source Software zu arbeiten: Sie können eine vormals proprietäre Software als Open Source Software freigeben, eine Entwicklung der eigenen Software innerhalb der Open Source Community vorantreiben oder sie übernehmen ein Open Source Projekt und kommerzialisieren dieses.

Die Ertragsmodelle und das Nutzenversprechen dieser Geschäftsmodelle unterscheiden sich stark voneinander. Teilweise wird versucht, sich durch kostenlose Open Source Programme am Markt zu positionieren oder zumindest die Konkurrenz zu schwächen. Beispielhaft stehen hierfür die Entscheidungen von Netscape Communications bei dem Webbrowser Navigator, dem heutigen Mozilla, oder die von Sun Microsystems bezüglich ihres Office-Programms OpenOffice.org. Beide Produkte wurden, mit dem Ziel Microsofts Monopolstellung zu schwächen, kostenlos und quelloffen bereitgestellt, da sich zuvor die proprietären Versionen am Markt gegen die Microsoft-Produkte nicht behaupten konnten.

Ferner kommt eine nachträgliche Open Source Lizenzierung auch dann in Frage, wenn die proprietäre Software am Ende ihres Produktlebenszyklus' steht. [120] Das Konzept des Produktlebenszyklus' basiert auf der Theorie, dass ein innovatives Produkt typischerweise die vier Phasen Einführungs-, Wachstums-, Reife- und Sättigungsphase durchläuft. Bis zur Reifephase hat das Unternehmen bereits frühere Investitionen amortisiert und den Höhepunkt der Umsätze erreicht. In der Sättigungsphase schöpft das Unternehmen Gewinne ab, hat aber aufgrund von rückläufiger Marktentwicklung keine Anreize weitere

---

[119] Vgl. Mundhenke, J. (2007), S.129.
[120] Vgl. Leiteritz, R. (2004), S. 8 f.

Investitionen für das Produkt zu tätigen. Ein innovatives Produkt verliert dann aber zunehmend an Marktanteilen.[121] Um weitere Investitionen zu vermeiden, stellt das Unternehmen die eigene Software unter eine Open Source Softwarelizenz und legt sie in die Hände der Open Source Community.[122]

Des Weiteren kann eine Open Source Software auch als Lockangebot für eigene kommerzielle Software genutzt werden.[123] Dabei gibt es zunächst die Variante der dualen Lizenzierung. Hierbei gibt es i.d.R. eine kostenlose Open Source Softwareversion und parallel eine proprietäre Version mit leistungsfähigeren, aber kostenpflichtigen Komponenten. Beispielhaft für die duale Lizenzierung steht das Datenbankverwaltungssystem MySQL [124] . Solche parallelen Softwareversionen einer kostenlosen Basisversion und einer kostenpflichtigen, mit speziellen Komponenten bzw. professionellen Funktionalitäten, können aber auch komplett unter Open Source Softwarelizenz gestellt werden, wie bspw. das Kundenbeziehungsmanagementprogramm SugarCRM[125] oder die Kollaborationssoftware Open-Xchange Server[126]. Diese Lockangebote ähneln stark dem Shareware-Modell. Der Unterschied besteht aber darin, dass der Quelltext der Software offen liegt. Dadurch hat der Anwender nicht nur die Möglichkeit, die Software zu testen, das Unternehmen spricht auch einen anderen Anwenderkreis, die Open Source Gemeinschaft, an und profitiert von den Vorteilen[127] einer Softwareentwicklung innerhalb der Open Source Gemeinschaft, wozu u.a. Imageaufwertung des Unternehmens und schnellere Entwicklungsarbeiten durch erweitertes Humankapital zählen.[128]

4.3.2 Komplementäre Hardware

Hersteller von Computersystemen, Peripheriegeräten oder Erweiterungskarten sind ebenfalls gezwungen, Treiber für ihre Hardware zu entwickeln. Diese Entwicklungen stellen für Hardwarehersteller i.d.R. immense Aufwendungen dar, denen keine direkten Erträge zugeordnet werden können. Aus diesem Grund besteht gerade bei diesen Unternehmen Potenzial von Open Source

---

[121] Vgl. Colbe von, W. B. et al. (Hrsg.) (2007), S. 15 f.
[122] Vgl. Leiteritz, R. (2004), S. 9.
[123] So http://www.oreilly.de/opensource/magic-cauldron/cauldron.g.indirect.html.
[124] So http://www.mysql.de/about/legal/licensing/oem/.
[125] Vgl. http://www.sugarforge.org/content/open-source/.
[126] Vgl. http://www.open-xchange.com/de/legal-notice.
[127] Die Vorteile von Softwareentwicklung innerhalb des Open Source Modells wurden in Kapitel 3.3 dieser Arbeit beschrieben.
[128] Ganzer Abschnitt vgl. Leiteritz, R. (2004), S. 9 f.

Software zu profitieren. Sie können alle Vorteile der Softwareentwicklung innerhalb der Open Source Gemeinschaft nutzen, müssen aber keine Umsatz-
einbußen ihres Produktes in Kauf nehmen.[129] So bieten Hardwarehersteller wie
bspw. Fujitsu-Siemens-Computers[130] oder HP[131] ihre Computer bereits mit
vorinstallierter Open Source Software und dem Betriebssystem Linux an.

Im Bereich der Mobiltelefone, Smartphones und Organizer gewinnen Open
Source Produkte und v.a. Open Source Betriebssysteme eine zunehmende
Bedeutung am Markt. Die quelloffenen Betriebssysteme Android von Google
oder Symbian von Nokia nehmen beherrschende Marktanteile[132] auch deshalb
ein, weil die Entwicklung von Software und Betriebssystemen innerhalb der
Open Source Gemeinschaft dem schnelllebigen Produktlebenszyklus mobiler
Geräte besonders gewachsen ist.[133]

4.3.3 Sonstige Geschäftsmodelle

Zu den sonstigen Geschäftsmodellen auf der Basis von Open Source Software
fällt zunächst das Zubehörgeschäft, oder nach Eric S. Raymond auch das
„Accessorizing".[134] Hierunter fallen von Fanartikel, wie das Maskottchen von
Linux, der Pinguin Tux, über Öffentlichkeitsarbeit bis hin zum Fachverlag
O'Reilly, der Herausgeber für Standardwerke über das Thema Open Source
Software und professionelle Softwaredokumentation. Der Gründer Tim O'Reilly
ist selbst ein angesehenes Mitglied der Open Source Gemeinschaft und unter-
stützt mit seinem Verlag und durch Organisation von Konferenzen den Aufbau
einer hohen Reputation der Open Source Entwicklergemeinschaft und der
Open Source Produkte.[135]

Darüber hinaus gibt es auch das Geschäftsmodell des Mediators. Dieser stellt
eine Plattform für die unterschiedlichen, weltweit verteilten Interessensgruppen
der Open Source Software bereit. Beispiele hierfür sind die Webportale Source-
Forge oder BerliOS. Zum einen ermöglicht deren Infrastruktur den Entwicklern
sowohl das Schreiben, Verwalten und Kompilieren quelloffener Software, als

---

[129] Vgl. http://www.oreilly.de/opensource/magic-cauldron/cauldron.g.indirect.html#segment.9.2.
[130] Vgl. http://de.fujitsu.com/solutions/it_infrastructure_solutions/linux/.
[131] Vgl. http://h71028.www7.hp.com/enterprise/cache/309906-0-0-0-121.html.
[132] Marktanteile siehe http://www.gartner.com/it/page.jsp?id=1543014.
[133] Siehe auch http://www.oreilly.de/opensource/magic-cauldron/cauldron.g.drivers.html;
Gläßer, L. (2004), S.54.
[134] Vgl. http://www.oreilly.de/opensource/magic-cauldron/cauldron.g.indirect.html#segment.9.4.
[135] Vgl. Leiteritz, R. (2004), S. 22.

auch das Kommunizieren mit anderen Entwicklern, zum anderen haben Anwender eine Plattform für Downloads von Open Source Programmen und deren Dokumentationen und Anleitungen. Einnahmequellen stellen i.d.R. Werbetreibende, gebührenpflichtige IT-Dienstleister oder Sponsoren dar.[136]

4.4 Bewertung der Geschäftsmodelle

Die Beurteilung von Geschäftsmodellen beinhaltet hauptsächlich die Bewertung der Ertragsmodelle. Auch wenn das Nutzenversprechen und die Architekturen der Wertschöpfung erfolgreich ihre Aufgabe erfüllen und damit den Kunden einen sehr hohen Nutzen ermöglichen, ist das Ertragsmodell entscheidend für den langfristigen Wert eines Unternehmens.[137] Daher muss das Augenmerk auf den wirtschaftlichen Erfolg der Unternehmen, die auf Basis quelloffener Software tätig sind, gerichtet werden.

Bei Distributionsleistungen gestaltet es sich relativ schwierig, ausreichende Erträge zu generieren. Markteintrittsschranken für Wettbewerber von Distributoren sind zu gering, wenn diese nicht zusätzliche Produkte in Form von Dienstleistungen oder spezieller Software anbieten. Gleiches gilt für Geschäftsmodelle, die auf komplementärer Software aufbauen. In der Praxis zeigen die Beispiele Oracle oder Red Hat, dass sich diese Unternehmen am Markt behaupten, indem komplementäre Angebote i.d.R. proprietär sind und so Eigentumsrechte vorbehalten werden um eine Kommerzialisierung durchzusetzen.[138]

Erfolgreiche Beispiele, wie das Open Source Betriebssystem Android von Google, beweisen aktuell aber auch, dass Sorgen über Nachahmer bei Offenlegung des Programmcodes, auf einem schnelllebigen Markt wie dem Softwaremarkt unbegründet sind, weil es letztendlich auf die Ideen und Innovationen ankommt.[139]

---

[136] Vgl. Leiteritz, R. (2004), S. 17 f.
[137] Vgl. http://de.wikipedia.org/wiki/Geschaeftsmodell.
[138] Vgl. Kooths, S./Langenfurth, M./Kalwey, N. (2003), S.53.
[139] Vgl. http://www.oreilly.de/opensource/magic-cauldron/cauldron.g.drivers.html.

Der Dienstleistungsbereich hat sich als gemeinsames Basismodell auf dem kommerziellen Open Source Softwaremarkt entwickelt. Distributoren und Open Source Softwareanbieter, wie beispielsweise MySQL, konzentrieren sich regelmäßig auf das Angebot von professionellen Serviceleistungen, weil sie sich am ehesten durch individuelle Dienstleistungen wie Beratung, Support oder Wartung am Markt gegen Wettbewerber differenzieren können und so die Möglichkeit haben, Gewinne zu erwirtschaften.[140] Um hierfür aber einen großen Kundenstamm aufzubauen, verfolgen Unternehmen die Strategie, das Produkt kostenlos anzubieten und nutzen dies als kostenlose Werbemöglichkeit. So begründete der ehemalige CEO von Sun Oracle Jonathan Schwartz diese Vorgehensweise dadurch, dass auf dem Markt weltweit nur das kostenlose Preismodell funktioniere.[141]

Letztendlich tragen kommerziell orientierte Unternehmen durch ihren Beitrag dazu bei, dass Open Source Software ein leistungsfähigeres und benutzer-freundlicheres Produkt wird, das nicht nur technisch versierten Anwendern vorbehalten ist. Darüber hinaus ist ein professioneller Beitrag an der Entwicklung entscheidend, damit Open Source Software in den Einsatzbereichen der öffentlichen Verwaltung und Unternehmen Akzeptanz findet, und sich zu einem wichtigen Bestandteil der Softwarewirtschaft entwickelt.[142]

---

[140] So Leiteritz, R. (2004), S. 23.
[141] So http://www.zdnet.de/it_business_hintergrund_open_source_jetzt_auch_mit_der_lizenz _zum_gelddrucken_story-11000006-39160988-1.html.
[142] Vgl. Mundhenke, J. (2007), S.129; Vgl.l. Gläßer, L. (2004), S.52.

5 Einsatz von Open Source Software im öffentlichen Sektor

Als im Jahr 2001 Microsoft ankündigte, den Support für das Betriebssystem Windows NT 4.0 einzustellen, hatte das u.a. für die Stadtverwaltungen Schwäbisch Hall und München, sowie für das Auswärtige Amt weitreichende Folgen.

Die IT-Leiter dieser öffentlichen Einrichtungen entschieden, auf Grund von individuellen Motiven eine Alternative zu den bisher eingesetzten proprietären Programmen zu suchen. In diesen Fällen fiel die Entscheidung auf eine Migration von Windows auf Open Source Technologien.

Im Folgenden werden diese Motive der Entscheidungsträger der städtischen Verwaltungen und des deutschen Außenministeriums, einschließlich dem Ablauf der Migration und der aktuellen Situation, dargestellt. Darüber hinaus werden anhand dieser drei Praxisbeispiele Chancen und Risiken beim Einsatz von Open Source Programmen in Organisationen beleuchtet.

5.1 Schwäbisch Hall

5.1.1 Hintergrund und Motivation der Einsatzentscheidung

Die Kreisstadt Schwäbisch Hall mit ca. 36 000 Einwohnern gilt als Vorreiter im Einsatz von Open Source Software in der öffentlichen Verwaltung. Im Jahr 2001 traf die Verwaltung die Entscheidung, für ihre 352 Clients Alternativen zu ihren proprietären Betriebssystemen und Standardprogrammen, zu suchen.

Ursache hierfür war zunächst die Ankündigung von Microsoft, den Support für das bisher eingesetzte Betriebssystem, einzustellen. Dies hätte für die Verwaltung die Konsequenz, dass neben dem Kauf neuer Lizenzen für Betriebssysteme, auch gleichzeitig kostenintensive Investitionen für ein Upgrade der Hardware getätigt werden müssten, um die Anforderungen des aktuellen Betriebssystems von Microsoft zu erfüllen. Zudem fielen die zusätzlichen Ausgaben für Lizenzkosten und neue Hardwareausstattung im selben Jahr an, in dem konjunkturell bedingt die Gewerbesteuereinnahmen um 85 % einbrachen. Die EDV-Ableitung der städtischen Verwaltung entschied sich für eine Migration auf quelloffene Programme, wobei die Wahl auf das Linux-Betriebssystem openSUSE und dem professionellen Support des IT-Beratungsunternehmens IBM. [143]

In einem Artikel aus dem „Open Source Jahrbuch 2005", begründet der Leiter der EDV-Abteilung, Horst Bräuner, den Einsatz von Open Source Technologien in der Verwaltung durch die erwarteten Vorteile hinsichtlich der Unabhängigkeit, Sicherheit, Kosteneinsparung und Wettbewerbsförderung.

Das Interesse an der Unabhängigkeit resultierte aus dem Zwang, eine Migration durchführen und unvermeidbare zusätzliche Investitionen, für Lizenzen und neue Hardware, tätigen zu müssen, weil Microsoft den Support für das bisher eingesetzte Betriebssystem beendet hatte. Solche Situationen sollten in Zukunft vermieden werden, indem eine Abhängigkeit von nur einem Anbieter umgangen werden sollte.

Darüber hinaus stellten Spezialsoftware für bestehende Verwaltungsprozesse, die sog. Fachanwendungen, die nur bedingt Schnittstellen zu den neuen Microsoft Produkten hatten, ein potenzielles Problem im Falle eines Updates der proprietären Programme dar. Dahingegen sollten offene Schnittstellen der Open Source Betriebssysteme die nötige Interoperabilität ermöglichen und damit die Migrationsentscheidung auf offene Betriebssysteme begünstigen.

Die Anforderung der Sicherheit an die IT beinhaltet, neben einem verbesserten Schutz vor zunehmenden Angriffen von Malware wie Trojanern oder Viren, insbesondere Sicherheit in den Bereichen Datenschutz, Integrität und Verfügbarkeit. Es ist naheliegend, dass in der öffentlichen Verwaltung personenbezogene Daten zum einen vor unbefugten Dritten geschützt und zum anderen unerwünschte Veränderungen vermieden werden müssen. Die Verwaltung war überzeugt, dass erst die Offenlegung des Programmcodes eine Überprüfbarkeit der Systeme und damit die Gewissheit über die tatsächliche Verwendung der personenbezogenen Daten ermöglicht. Darüberhinaus ist eine hohe Verfügbarkeit von IT-Systemen und geringe Ausfallzeiten essentiell für das Funktionieren der Geschäftsabläufe einer Organisation.

---

[143] Vgl. http://www.schwaebischhall.de/buergerstadt/rathaus/linux.html.

Ferner erwartete die Verwaltung einen verstärkten Wettbewerb zwischen den IT-Dienstleistern. Die Stadtverwaltung sollte von günstigeren Angeboten profitieren, da sie nicht mehr von nur einem Hersteller abhängig sein, sondern eine Auswahl an Anbietern haben werde.

Gleichzeitig sollte die Umstellung auf Open Source Software eine Maßnahme zur Wirtschaftsförderung darstellen, zumal überwiegend regional angesiedelte IT-Dienstleistungsanbieter beauftragt werden sollten. Diese sollten durch den Wegfall der fixen Lizenzkosten größeren Freiraum in der Preisgestaltung haben, wodurch sich die Möglichkeit ergebe, höhere Gewinne zu erwirtschaften. Die Stadtverwaltung sollte dann wiederum von erhöhten Gewerbesteuereinnahmen profitieren.

Letztlich versprach sich die städtische Verwaltung bei einem Einsatz von Open Source Software vorwiegend Kosteneinsparungen. Aufgrund von Erfahrungen aus der Vergangenheit mit quelloffenen Serverlösungen wurden bereits geringere Aufwendungen durch den Wegfall von Lizenzkosten, geringerem Administrationsaufwand und verbesserter Kompatibilität der Hardware mit neuen Versionen, verzeichnet. Die Übertragung dieser Einsparpotenziale auf die 352 Clients sollte die erforderten Kosteneinsparungen mit sich bringen.

Umschulungen und Trainingskosten der Mitarbeiter wurden nicht gesondert einkalkuliert, da diese Kosten erfahrungsgemäß bei der Migration von alten Microsoft Programmen auf aktuelle ebenfalls anfielen.[144]

5.1.2 Ablauf der Migration und aktueller Stand

Schwierigkeiten bei der Migration von Windows auf Linux waren zunächst psychologischer Natur. Um die Migration erfolgreich durchzusetzten war es grundlegend, die Angestellten von den Vorzügen der neuen Technologien zu überzeugen, damit die Umgewöhnung nicht von vornherein als problematische Mehrarbeit angesehen wurde. So dienten Aufklärungsarbeiten dazu, die Akzeptanz bei den Mitarbeitern zu erhöhen und um bestehende Bedenken und Vorschläge in das Schulungskonzept miteinzubringen. Die Schulungen der Angestellten fanden in Kleingruppen während der Migration ihrer PCs statt. Ferner wurde auch ein zentraler Helpdesk für Fragen und Probleme eingerichtet.

---

[144] Vorherige Abschnitte in Anlehnung an Bräuner, H. (2005), S. 37 ff.

Die technische Problematik bestand größtenteils in der Migration der Fachanwendungen. In der öffentlichen Verwaltung dienen diese Fachanwendungen der Bearbeitung von sowohl landes- und bundesweit standardisierten Vorgängen, wie bspw. die Erstellung von Personalausweisen, als auch von lokalen Anwendungen, wie dem städtischen Bibliothekswesen oder dem Fundbüro. Vor allem die letztgenannten Fachanwendungen, die nur vereinzelt für wenige Anwender vorhanden sind, erschwerten die Suche nach Alternativen für das neue Betriebssystem.[145]

Nach einer Anfrage bei dem Leiter der EDV Horst Bräuner,[146] sehe die aktuelle Situation der Migration folgendermaßen aus:

- Vier hauptamtliche Mitarbeiter haben 342 der 352 Clients auf das quelloffene Betriebssystem Linux umgestellt.

- Die verbleibenden zehn Clients, die dem Stadtarchiv, der Feuerwehr, Telefonzentrale und Bußgeldstelle zuzuordnen sind, laufen weiterhin auf Windows NT.

- Kostenvergleiche konnten nicht ermittelt werden, da während der Migration weitergehende Strukturierungen, Anforderungen und Zusatzprojekte anfielen, um bestehende Mängel zu beseitigen bzw. Verbesserungen und Automatismen einzuführen.

- Die Summe des Budgets habe sich nicht geändert. Die Mittel, die nicht für Lizenzgebühren aufgewendet werden müssen, würden jedoch effizienter genutzt, indem sie bspw. für Virtualisierung, Storage- und LAN-Optimierung eingesetzt werden.

- Von den 84 Fachanwendungen werden noch 45 proprietäre Applikationen auf drei Windows Terminal-Servern betrieben.

- Für die verbleibenden 39 Fachanwendungen wurden Alternativen gefunden. Dabei reicht das Spektrum der Alternativen von eigens entwickelter Fachanwendung, die ebenfalls Open Source Software ist und somit anderen Verwaltungen zugänglich gemacht wurde, über Umgebungsanpassungen und Virtualisierungen, hin zu plattformunabhängigen Clientanwendungen.[147]

---

[145] Vgl. http://www.linux-magazin.de/Heft-Abo/Ausgaben/2004/01/Ein-Jahr-danach.
[146] Anfrage per E-Mail vom 21.03.2011.
[147] Weitergehende Erläuterung zur Migration von Fachanwendungen im Fall Schwäbisch Hall siehe unter http://www.schwaebischhall.de/buergerstadt/rathaus/linux/migration.html.

Im offiziellen Internetauftritt heißt es weiter, die Stadtverwaltung Schwäbisch Hall sei von den Vorteilen der Open Source Technologien weiterhin überzeugt und werde diese Strategie künftig weiterverfolgen.[148]

5.2 München

5.2.1 Hintergrund und Motivation der Einsatzentscheidung

Auch für die Verwaltung der Landeshauptstadt München hatte die Supporteinstellung von Microsoft im Jahr 2001 für das Betriebssystem Windows NT 4.0 die Konsequenz einer Migration ihrer Clients.[149] Bis zu diesem Zeitpunkt basierten Betriebssysteme, Büroanwendungen und Webbrowser ausschließlich auf Produkten von Microsoft. Dabei verfügt die Großstadt mit ca. 1,35 Mio. Einwohnern, über 14 000 Arbeitsplatzcomputer, 16 000 Angestellte, 340 Fachanwendungen und 300 Standardsoftwareprodukte.[150]

Im Jahr 2002 wurde im Vorfeld der Migrationsentscheidung auf Antrag des Stadtrats eine Überprüfung der Alternativen zu den bisher eingesetzten Microsoft-Produkten durchgesetzt. Der europäische IT-Dienstleister Unilog Integrata wurde beauftragt, folgende fünf Alternativen in Bezug auf Betriebssystem und Office-Anwendungen, hinsichtlich ihrer technischen Umsetzbarkeit, monetären Wirtschaftlichkeit, sowie ihren qualitativ-strategischen[151] Auswirkungen zu analysieren.

1. Eine Version ausschließlich auf der Basis von proprietären Microsoft Produkten. Betriebssysteme werden auf Windows XP umgestellt, sämtliche Bürokommunikationsprodukte wie Office-Anwendungen, Webbrowser oder E-Mail-Verwaltungsprogramme bleiben ebenfalls proprietär. Die

---

[148] Vgl. http://www.schwaebischhall.de/buergerstadt/rathaus/linux.html.
[149] So http://www.muenchen.de/Rathaus/dir/limux/ueberblick/408896/grundsatzbeschluss.html# Hintergrund.
[150] Vgl. http://www.muenchen.de/Rathaus/dir/limux/ueberblick/408899/ausganssituation.html
[151] Die qualitativ-strategischen Kriterien haben entscheidende mittel- oder langfristige Auswirkungen auf die IT-Organisation, die sich entweder im Vorfeld oder auch im Allgemeinen nicht oder nicht mit hinreichender Sicherheit monetär bestimmen lassen. In Absprache mit den Verantwortlichen der Stadtverwaltung München wurde ein Kriterienkatalog entwickelt. Diese qualitativen bzw. strategischen Aspekte einer Migration wurden von diesen Verantwortlichen mit einer Gewichtung bewertet, anhand deren die Firma Unilog Integrata im Rahmen der Client-Studie die Migrationsalternativen analysieren und quantitativ bewerten konnte. Eine detaillierte Auflistung der strategisch relevanten Aspekte der Stadt München siehe im A.II.

Lauffähigkeit der Fachanwendungen sollten unter dem proprietären Betriebssystem hergestellt werden.

2. Eine gemischte Version, wobei das Betriebssystem ein Update auf Windows XP erhält, sämtliche Bürokommunikationsprogramme aber auf Open Source Software basieren. Bei dieser Option muss ebenfalls eine Lauffähigkeit der Fachanwendungen unter Windows XP hergestellt werden.

3. Eine rein quelloffene Version, wobei das Client-Betriebssystem auf Linux und Büroanwendungen auf Open Source Software basieren. Fachanwendungen würden bei dieser Alternative entweder in Form von nativen Anwendungen in das Betriebssystem implementiert oder als Webanwendungen ausgeführt werden.

4. Für Fachanwendungen, die nicht auf Linux umgestellt werden können, wird auf dem Linux Betriebssystem eine Virtualisierung der Windows NT Umgebung eingesetzt. Büroanwendungen basieren bei dieser Version auf Open Source Software.

5. Fachanwendungen werden auf einem Windows-Server zentral betrieben. Der Zugriff der Linux Clients auf diese Fachanwendungen läuft über Terminalemulationen. Bürokommunikationsanwendungen bestehen aus quelloffener Software.

Im Ergebnis der Studie wurden alle Handlungsalternativen als technisch umsetzbar eingestuft. Als wirtschaftlichste Lösung unter der Berücksichtigung eines Zeitraumes von vier Jahren wurde die Durchführung der Alternative Nr. 1, also eine reine Microsoft-Lösung, empfohlen. Bei der Gesamtbetrachtung und Gleichgewichtung der monetären Kriterien und den langfristigen qualitativ-strategischen Auswirkungen, fiel die Empfehlung jedoch auf die Alternative Nr. 4 - eine Migration auf Linux, wobei die Lauffähigkeit der Fachanwendungen über eine Virtualisierung auf Windows NT ermöglicht wird. [152]

Obwohl Steve Ballmer, CEO von Microsoft, der bayrischen Landeshauptstadt eine kostenlose personelle Unterstützung im Falle eines Updates auf aktuelle Microsoft-Lösungen angeboten hatte,[153] entschied der Stadtrat im Jahr 2003 eine ganzheitliche Migration ihrer Clients von Windows Betriebssystemen und

---

[152] Vgl. Hoegner,W. (2006), S. 61 ff.
[153] Im Gegenzug boten die IT-Dienstleister IBM und Novell/SuSe ebenfalls eine kostenlose Unterstützung im Falle einer Migration auf Linux und Open Source Lösungen an. Diese monetären Einsparungen wurden in die Studie von Unilog Integrata eingearbeitet. Im Ergebnis wurden aber keine wesentlichen Änderungen festgestellt.

Microsoft Office-Anwendungen auf Open Source Lösungen durchzuführen, ohne sich auf eine spezielle Alternative bzgl. der Fachverfahren festzulegen.[154] Begründet wurde die Entscheidung für die kostspieligere Methode durch die langfristigen Vorteile, die sich die Verantwortlichen durch Open Source Lösungen erhofften.

Der ausschlaggebende Punkt für die Einsatzentscheidung von quelloffenen Programmen ist die Gewährleistung einer Herstellerunabhängigkeit. Diese Unabhängigkeit sollte v.a. eine Wiederholung der Ausgangssituation vermeiden. Der Stadtrat sah dadurch die Möglichkeit langfristig ökonomischer zu handeln, da künftig Mittelabflüsse in der IT eigenständig lenkbar sein würden, da keine Gefahr bestehe, dass das Produkt nicht mehr angeboten werde, wenn es nicht nur einen Anbieter gebe.

Diese Herstellerunabhängigkeit gewährt der städtischen Verwaltung darüber hinaus auch die Möglichkeit, die eigene Flexibilität zu wahren. Notwendige Anpassungen an individuelle Bedürfnisse oder auch spezielle Schulungen könnten jederzeit vorgenommen werden, insbesondere weil vermehrt kleine und mittelständische Unternehmen mit dieser Aufgabe beschäftigt werden könnten. Diese hätten im Gegensatz zu großen Softwarehäusern die Möglichkeit flexibler auf spezielle Kundenwünsche einzugehen.

Ferner sollte die Einbeziehung mehrerer unabhängiger Unternehmen einen verstärkten Wettbewerb auf dem Softwaremarkt und damit zu einem verbesserten Preis-Leistungsverhältnis von Software führen. [155]

Letztendlich sollte der Stadt München eine verbesserte Erreichbarkeit ihrer strategischen Ziele ermöglicht werden. Diese Ziele beinhalten neben der Herstellerunabhängigkeit und Flexibilität auch die Verbesserung der IT hinsichtlich der Aspekte Anfälligkeit, Verfügbarkeit und Datenschutz. Die Bewertung dieser qualitativ-strategischen Kriterien fiel in der Studie positiv für die quelloffene Lösung aus.[156]

---

[154] Vgl. Hoegner,W. (2006), S. 64.
[155] Vgl. http://www.muenchen.de/Rathaus/dir/limux/publikationen/242906/presseinfo.html.
[156] Vgl. Hoegner,W. (2006), S. 64 f.

5.2.2 Ablauf der Migration und aktueller Stand

Nach einer detaillierten Planung des Umstellungsprozesses, sowie dem Aufbau eines internen Know-Hows durch zusätzliche Stellenbesetzungen und der Festlegung externer Dienstleister, begann im Jahr 2005 das Projekt „LiMux – Die IT-Evolution".

Die Migration der Clients auf Linux wurde in München in zwei Stufen vollzogen, um die Anwender zu entlasten und ihnen die Zeit zur Umgewöhnung zu geben. Zunächst wurden die proprietären Büroanwendungen auf quelloffene Programme umgestellt. Im zweiten Schritt wurde dann auf das einheitliche Client-Betriebssystem LiMux migriert.[157] Zu dieser Umstellung wurden die Mitarbeiter vorab an einem „Basistag" geschult, um einen Überblick über die neuen Grundfunktionen und Anwendungen zu erhalten. An weiteren Schulungstagen wurden dann spezielle Module erläutert. Darüber hinaus steht den Mitarbeitern neben einem Forum und einer Sammlung von Tipps im Intranet, ein spezielles Selbstlernprogramm unterstützend zur Verfügung.[158]

Über die Migration der Clients hinaus, bestand die Schwierigkeit unter anderem darin, die Vielzahl an unkoordinierten Prozessen in den 17 unabhängigen IT-Bereichen[159] innerhalb der Stadtverwaltung zu vereinheitlichen. So wurden bspw. während der Migration alle in den Referaten eingesetzten Office-Vorlagen und Makros katalogisiert, um Redundanzen zu erkennen und zu konsolidieren.[160] In diesem Zusammenhang entwickelte die Landeshauptstadt ein Vorlagenverwaltungsprogramm, den „Eierlegenden WollMux". Diese plattformunabhängige Open Source Applikation dient der Vereinfachung und Standardisierung von Briefkopf-, Vorlagen-, oder Formularerstellung in öffentlichen Verwaltungen.[161]

Darüber hinaus bestand auch in München die Schwierigkeit bei der Migration der 300 Fachverfahren. Die speziellen Anwendungen erforderten eine individuelle Betrachtung von Migrationslösungen. Hierzu standen neben der präferierten webbasierten Lösung, plattformunabhängige Clientanwendungen, Umgebungsanpassungen oder Virtualisierungen zur Auswahl. Falls jedoch

---

[157] Vgl. http://www.muenchen.de/Rathaus/dir/limux/ueberblick/408892/vorgehen.html.
[158] So http://www.muenchen.de/Rathaus/dir/limux/ueberblick/408893/schulung.html.
[159] So http://www.muenchen.de/Rathaus/dir/limux/ueberblick/408899/ausganssituation.html.
[160] Vgl. Hoegner,W. (2006), S. 70.
[161] Vgl. http://www.wollmux.net/wiki/Hauptseite.

keine Migration möglich war, stand auch die Option der Weiterführung unter dem Betriebssystem von Microsoft offen.[162]

Laut des offiziellen Internetauftritts[163] der Stadt München sieht der aktuelle Stand der Migration auf Open Source Programme folgendermaßen aus:

• Auf 15 000 [164] Arbeitsplatzcomputern werden die quelloffenen Office-Anwendungen OpenOffice.Org, einschließlich dem WollMux, dem E-Mail Client Thunderbird und der Webbrowser Firefox genutzt. Darüber hinaus wurde der offene Standard Open Document Format als offizielle Norm für den Dokumentenaustausch in der Stadtverwaltung festgelegt.

• In 10 von 22 Migrationsbereichen wurden insgesamt ca. 6 000 Clients auf LiMux migriert.

Dabei läuft das Projekt „LiMux – Die IT-Evolution" trotzt intensiver Planung nicht im ursprünglichen Termin- und Budgetrahmen. Das originäre Ziel, 80 % der Clients in der Stadtverwaltung bis zum Ende des Jahres 2008[165] mit einem Budget von ca. 13 Mio. Euro[166] umzustellen, konnte nicht erreicht werden. So wurde zwischenzeitlich das Gesamtbudget auf 18,7 Mio. Euro erweitert und vorerst eine Fristverlängerung für die Migration der Client bis 2013 gewährt.[167]

Trotz Schwierigkeiten käme für die Landeshauptstadt eine Rückmigration auf proprietäre Programme nicht in Frage, da die Stadt München durch ihr Pilot-Projekt als Vorbild für zahlreiche Verwaltungen stehe und der politische Rückhalt innerhalb der öffentlichen Verwaltung groß sei.[168]

---

[162] Vgl. http://www.muenchen.de/Rathaus/dir/limux/ueberblick/408898/fachverfahren.html.
[163] Siehe unter http://www.muenchen.de/Rathaus/dir/limux/ueberblick/408890/zahlen.html.
[164] Die Anzahl der Arbeitsplatzcomputer wurde in allen Quellen mit 14 000 beziffert. Daher besteht hier die Annahme, dass die Stadtverwaltung München die Anzahl der PCs um 1 000 Stück aufgestockt hat.
[165] Siehe auch Hoegner,W. (2006), S. 71.
[166] Vgl. http://www.computerwoche.de/software/software-infrastruktur/1868369/.
[167] Vgl. http://www.linux-magazin.de/content/view/full/56396.
[168] Sieh auch http://www.computerwoche.de/software/software-infrastruktur/1868369/.

5.3 Das Auswärtige Amt

5.3.1 Hintergrund und Motivation der Einsatzentscheidung

Das Auswärtige Amt entschied nach den Terroranschlägen vom 11. September 2001[169], für ihre 8 000 Mitarbeiter, die weltweit in 230 Auslandsvertretungen verstreut sind, Intranet und E-Mail Zugänge zur ausfallsicheren, schnellen und effizienten Informationsübermittlung und gemeinsamen Dokumenten-bearbeitung einzurichten. Erste Kostenkalkulationen stellten heraus, dass der Aufbau dieses Intranets mit den bislang vereinzelt eingesetzten proprietären Programmen[170] ca. 100 Mio. Euro betragen und damit das Budget von 17 Mio. Euro um ein vielfaches übersteigen würde.[171]

Auch im Auswärtigen Amt fiel die Wahl zur Vernetzung auf Open Source Soft-ware. Server, Betriebssysteme und Büroanwendungen sollten ausschließlich auf Open Source Techniken basieren. Begründet wurde diese Wahl durch die Anforderungen, die das Bundesministerium an ihre IT stellte:

Zunächst musste die gesamte Vernetzung kostengünstig von statten gehen. Mit einem Budget von nur 17 Mio. Euro für 11 000 IT-gestützte Arbeitsplätze mussten alle Sparmöglichkeiten ausgeschöpft werden. So bot der Entfall von Lizenzkosten bei quelloffener Software die Möglichkeit Sparpotenzial auszuschöpfen. Bereits 2005 sollte sich diese Strategie auszahlen. Der Leiter der IT-Abteilung im Auswärtigen Amt, Rolf Schuster, erklärte in einem Interview mit dem IT-Nachrichten-Portal „Heise Online", dass im Außenministerium mit Abstand die günstigsten IT-Ausgaben aller Bundesministerien, mit einer pro Kopf–Jahresausgabe von 1.190 EUR, verzeichnet wurden.[172]

Da das Auswärtige Amt ebenfalls von der Einstellung des Supports für das Betriebssystem Windows NT betroffen war, sollte weitergehend künftig ein Abhängigkeitsverhältnis von einem Hersteller umgangen werden. So erklärte

---

[169] Sieh auch http://www.computerwoche.de/nachrichtenarchiv/540840/.
[170] Auch das Auswärtige Amt setzte bis 2001 auf das Betriebssystem Windows NT 4.0 und dem Mailsystem Microsoft Mail.
[171] Vgl. http://www.heise.de/newsticker/meldung/Auswaertiges-Amt-spart-im-IT-Bereich-kraeftig-dank-Open-Source-151012.html.
[172] Laut damaligen Aussagen des IT-Leiters Rolf Schuster seien die pro Kopf Kosten in anderen Ministerien mind. doppelt so teuer und würden sogar bis zu 5 000 Euro Betragen.

Rolf Schuster in diesem Interview weiter, dass das Ministerium den von Microsoft diktierten Update-Zyklen künftig nicht mehr automatisch folgen wolle.[173]

Letztendlich musste die globale Vernetzung aber vor allen Dingen den qualitativen Anforderungen der Stabilität und Sicherheit gerecht werden. Vorteile der Open Source Software sah Rolf Schuster überwiegend darin, dass die Offenlegung des Quellcodes Einblicke in die Tiefen des Systems gewährt, wodurch sich die Fähigkeit biete, Sicherheitslücken ggf. selbst zu schließen.[174]

5.3.2 Ablauf der Migration und aktueller Stand

Die unter der damaligen Leitung des Bundesministers Joschka Fischer eingeführte IT-Strategie im Auswärtigen Amt auf Open Source Technologien zu setzen, wurde bis 2007 vielversprechend eingestuft.

Von 2001 bis 2003 wurden die 220 Botschaften und die Zentrale in Deutschland über ein sicheres Intranet verbunden. Im darauf folgenden Jahr wurde Open Source Software auf dem Desktop eingeführt. Im Zuge der mobilen Vernetzung ab 2005 wurde Linux aus Sicherheitsgründen als alleiniges Betriebssystem eingesetzt.[175]

Die Pressemitteilungen des Auswärtigen Amts bestätigten stets den Erfolg der Migration. Diese würde problemlos vonstattengehen, die Mitarbeiter bräuchten relativ wenige Schulungen und Sparpotenziale habe man erfolgreich ausschöpfen können. Die pro Kopf IT-Jahresausgaben seien im Vergleich zu anderen Bundesministerien mit Abstand am geringsten, obwohl das Auswärtige Amt besonders erschwerten Bedingungen unterliege, da die IT-Infrastruktur weltweit verteilt sei und ein erhöhter Verschleiß der Hardware in den unterschiedlichsten Klimazonen beobachtet werde.[176]

---

[173] http://www.heise.de/newsticker/meldung/Auswaertiges-Amt-spart-im-IT-Bereich-kraeftig-dank-Open-Source-151012.html.
[174] Vgl. http://www.computerwoche.de/nachrichtenarchiv/540840/.
[175] Siehe auch http://www.heise.de/open/artikel/Die-Woche-Kein-Linux-im-Auswaertigen-Amt-1191310.html.
[176] Vgl. http://www.heise.de/newsticker/meldung/Auswaertiges-Amt-spart-im-IT-Bereich-kraeftig-dank-Open-Source-151012.html.

In den Jahren 2009 und 2010 wurde eine IT-Organisationsberatung von dem Beratungsunternehmen McKinsey durchgeführt, um den Erfolg des Einsatzes von Open Source Technologien im Auswärtigen Amt und mögliche Alternativen für die Clients zu überprüfen. In den Bereichen der Sicherheit und Funktionalität ist die Bewertung positiv ausgefallen. Jedoch wurden Interoperabilitäts-probleme, insbesondere bei dem Austausch von Office-Dokumenten, und Nutzervorurteile als handlungsbedürftige Aspekte eingestuft. Eine Rück-migration sei daher aus der Sicht der Angestellten besonders erfreulich, jedoch warnte das Beratungsunternehmen McKinsey in diesem Fall vor mittelfristig erheblichen Lizenz- und Migrationskosten. [177] Bis zu dieser Zeit wurden ungefähr 3 000 der 11 000 Clients von Windows auf Linux migriert.[178]

Anfang des Jahres 2011 verdeutlichte jedoch die Antwort der Bundesregierung auf eine kleine Anfrage der SPD-Fraktion zur „Nutzung von freier Software im Auswärtigen Amt und weiteren Bundesbehörden", dass die IT-Strategie der vergangen Jahre die Erwartungen nicht erfüllt habe. Folglich werde das Außen-ministerium ihre Clients künftig wieder auf Standardsoftware von Microsoft umstellen.[179] Die Umstellung soll noch im Jahr 2011 in zwei Stufen erfolgen: Zunächst sollen Arbeitsplatzrechner von Linux auf Windows XP migriert werden, um eine Basis für die eigentliche Migration, auf das aktuelle Windows 7, zu erhalten. Ferner sollen künftig auch wieder proprietäre Büroanwendungen und Mailsysteme von Microsoft eingesetzt werden.[180]

Gründe für die Rückmigration von Linux auf Windows seien hauptsächlich mangelnde Benutzerfreundlichkeit und fehlende Funktionen, wie eine Umfrage der Angestellten im Rahmen der IT-Organisationsberatung ergeben habe. Die eingesetzten Open Source Technologien stellten sich im anwenderbezogenen Bereich als dauerhaft problematisch heraus und seien vielfach auf massive Kritik gestoßen. Die neue IT-Strategie, die Mitte 2010 beschlossen wurde, stelle wieder die Bedürfnisse des Anwenders in den Mittelpunkt.

---

[177] Die Ergebnisse der IT-Organisationsberatung wurden nicht offiziell veröffentlicht. Die der Bundesregierung Antwort auf die kleine Anfrage der SPD-Fraktion (BT-Drucksache 17/4567), bestätigt die Durchführung einer IT-Organisationsberatung bzw. beruft sich für ihre Migrationsentscheidung u.a. auf die Ergebnisse dieser Beratung. Die Ergebnisse siehe unter http://www.heise.de/newsticker/meldung/Linux-im-Auswaertigen-Amt-Rueckmigration-auf-Windows-nicht-zwingend-1192284.html.

[178] Siehe auch http://www.netzpolitik.org/2011/interne-dokumente-des-auswartigen-amtes-zur-anderung- der-open-source-strategie/.

[179] Siehe unter BT-Drucksache 17/4567 S.8; http://www.sueddeutsche.de/digital/auswaertiges-amt-ende-einer-it-revolution-westerwelle-beerdigt-linux-1.1060734.

[180] Vgl. BT-Drucksache 17/4567 S. 7.

Darüber hinaus würden auch Interoperabilitätsprobleme die Arbeit im Auswärtigen Amt behindern, da z.B. der Austausch von Office-Dokumenten regelmäßig zu Störungen führe und dies die Kommunikation zwischen den Ministerien und auch im Auswärtigen Amt teilweise beeinträchtige.

Des Weiteren konnten auf Grund von Marktentwicklungen im Bereich quelloffener Software Einsparpotenziale nur in geringem Umfang ausgeschöpft werden. So mussten bspw. die für quelloffene Betriebssysteme am Markt nicht vorhandenen Treiber für Scanner und Drucker selbst entwickelt werden. Insgesamt seien unerwartet hohe Kosten im Vergleich zum Einsatz von Standardsoftware für Personal, Schulungen, Implementationen und Pflege von Anpassungen angefallen.[181] Eine Konkretisierung der finanziellen Ausgaben veröffentlichte die Bundesregierung jedoch nicht.[182]

Letztendlich habe auch die Tatsache, dass keine weitere Bundesbehörde im Client-Bereich auf Open Source Technologien gesetzt habe dazu beigetragen, im Rahmen des Modernisierungsprozesses „Auswärtiges Amt 2020", die IT-Strategie neuzugestalten. Man werde der Empfehlung der IT-Organisations-beratung zur Konsolidierung und Standardisierung nachgehen und künftig Ressourcen Bündeln. Dementsprechend werde man bereits im Bund vor-handene Softwarelösungen und Hardwareproduktpaletten nutzen um Effizienzgewinne zu erwirtschaften.

Jedoch habe sich der Einsatz von Open Source Software in kritischen Bereichen durch höchste Verfügbarkeit positiv bewährt und werde so im Back-End-Bereich weiterhin eingesetzt. Künftig werde quelloffene Software nach wie vor als gleichberechtigte Alternative im Entscheidungsprozess angesehen.[183]

5.4 Chancen und Risiken aus der Praxiserfahrung

Die ausgewählten Beispiele aus dem öffentlichen Sektor nehmen trotz unter-schiedlicher Organisationsgröße, Vorgehensweise und Migrationsstand jeweils eine Vorreiterrolle bzgl. des Einsatzes von Open Source Technologien ein. Die Pilotprojekte der Städte Schwäbisch Hall und München, sowie des Auswärtigen

---

[181] Vgl. BT-Drucksache 17/4567 S. 3-7.
[182] Siehe unter http://www.heise.de/newsticker/meldung/Kein-Linux-Desktop-im-Auswaertigen-Amt-1189344.html.
[183] Vgl. BT-Drucksache 17/4567 S. 3.

Amts zeigen Vorteile und Probleme, die ein Migrationsprozess auf quelloffene Programme mit sich bringt.[184]

Besonders positiv ist bei diesen Projekten anzumerken, dass die technische Migration problemlos verlief. Die Client-Studie in München, ebenso die Erfahrungen im Auswärtigen Amt und Schwäbisch Hall besagen, dass die Migration der Betriebssysteme und Software prinzipiell problemlos verlief. Im Zuge der Umstellungen wurde stets versucht, die Organisation der IT in der Verwaltung effizienter zu gestalten. Im Rahmen der Migration wurden Prozesse vereinheitlicht und die über die Jahre hinweg entstandenen Redundanzen in der IT abgebaut, wie bspw. in München durch das eigens entwickelte Formular-verwaltungsprogramm WollMux.

Darüber hinaus werden die Open Source Technologien hinsichtlich der Sicherheits- und Verfügbarkeitsanforderungen, insbesondere im Serverbereich vorteilhafter bewertet als die proprietären Versionen. So wird bspw. das Aus-wärtige Amt, trotz Rückmigration auf proprietäre Lösungen im Client-Beriech, im Back-End-Bereich weiterhin auf quelloffene Technologien setzen. Auch die Anforderungen hinsichtlich Datenschutz und Integrität wurden in diesen öffent-lichen Einrichtungen durch die Möglichkeit der Einsichtnahme auf den Quell-code und damit die Kontrolle der tatsächlichen Verwertung von Daten besonders positiv eingestuft.

Ferner bestand in diesen drei Beispielen vorrangig das Interesse an der Herstellerunabhängigkeit. Die Folgen der Supporteinstellung für das Betriebs-system Windows NT 4.0 im Jahr 2001 war in diesen Beispielen einschlägig, sodass solch ungünstige Situationen künftig vermieden werden sollten. Nicht nur die Beschaffungskontinuität von Programmen durch vermehrte Auswahl an Entwicklern und Anbietern spielte dabei eine Rolle, sondern auch die Möglichkeit, individuelle Bedürfnisse in die IT zu integrieren, stellte eine beachtliche Chance für künftige Eventualitäten dar. [185]

Des Weiteren versprachen sich die öffentlichen Institutionen Kostenersparnisse durch den Wegfall von Lizenzgebühren bei einem Einsatz von Open Source Software, anstelle von proprietärer Software.

---

[184] Cassell, M. (2008), S. 267.
[185] Ausführungen siehe auch Bräuner, H. (2005), S. 39 ff; BT-Drucksache 17/4567 S. 4; http://www.muenchen.de/Rathaus/dir/limux/publikationen/242906/presseinfo.html.

Diese beschriebenen Motive der Fallbeispiele Schwäbisch Hall, München und des Auswärtigen Amtes decken sich auch mit einer Umfrage des Fraunhofer Instituts über die konkreten, messbaren Zielsetzungen für die Umstellung auf Open Source Technologien in öffentlichen Einrichtungen. Die folgende Abbildung 5.1 verdeutlicht diese Motive, sortiert nach deren Relevanz.

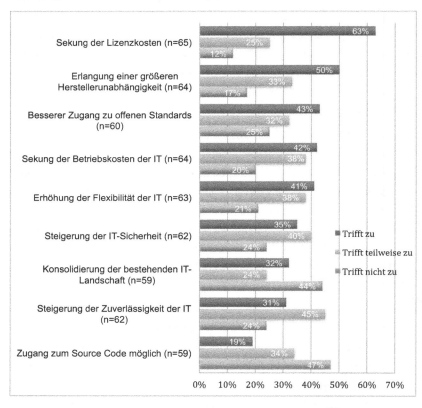

Abbildung 5.1 Zielsetzungen einer Migration auf Open Source Software[186]

Auch in dieser Umfrage, stellen sich die Aspekte der Reduktion von Lizenzkosten, bei 63% der Befragten, sowie die Erlangung einer größeren Herstellerunabhängigkeit (50%) als primäre Zielsetzungen einer Migration auf Open Source Programme, auch in anderen öffentlichen Institutionen.

---

[186] Eigene Darstellung in Anlehnung an Spath, D./Günther, J. (Hrsg.) (2006), S. 33.

Des Weiteren erweisen sich die Kriterien der Erhöhung der Flexibilität (41%), Sicherheit (35%) und Zuverlässigkeit (31%) der IT ebenfalls als wichtiger Faktor.

Darüber hinaus wurde auch das Ziel einer Senkung der Betriebskosten der IT (50%) als sehr wichtige Zielsetzung benannt. Hierzu ist anzumerken, dass keiner der vorgestellten Fallbeispiele derzeit eine besonders ökonomische IT-Abteilung verzeichnen kann. Wie die Client-Studie in München deutlich zeigte, war die wirtschaftlichste Migrationslösung eine reine Microsoft Strategie. Das Ergebnis dieser Studie bezieht sich dabei auf den Betrachtungszeitraum von vier Jahren.[187] Angemerkt ist in dieser Studie aber auch, dass bei einer langfristigen Wirtschaftlichkeitsbetrachtung von zehn Jahren das Ergebnis positiv für die Open Source Strategie ausfällt.[188] Eine Anfrage bei der IT-Leitung der Stadt Schwäbisch Hall ergab, dass weiterhin dasselbe Budget für ihre IT benötigt wird, wie vor der Migration.

Verursacht werden die vermehrten Aufwendungen in der öffentlichen Verwaltung im Wesentlichen durch die Migration der Fachanwendungen. Diese Spezialsoftware wird von den Herstellern regelmäßig lediglich für die gängigen Betriebssysteme von Microsoft entwickelt. Die Organisationen, die auf quelloffene Betriebssysteme setzten, müssen bei diesen speziellen Anwendungen individuelle Lösungen zur Lauffähigkeit eigenständig bereitstellen. Dies erweist sich auf Grund der Vielzahl von Anwendungen als aufwendig. Ähnliche Problematik besteht ebenfalls bei Treibersoftware von Peripheriegeräten wie Druckern und Scannern. Diese müssen häufig ebenfalls selbstständig entwickelt werden, weil Hersteller eine Interaktion dieser Gerätetreiber häufig vorab nur für Standardprogramme bereitstellen. So führten im Auswärtigen Amt mitunter die unerwartet hohen Kosten zur Entwicklung von Treibern zur Rückmigration auf proprietäre Programme. Dieser Marktzustand und die damit einhergehenden Kostenaspekte sollten im Falle einer Migration auf Open Source Programme daher miteinkalkuliert werden.[189]

Im Auswärtigen Amt wurden darüber hinaus fehlende Benutzerfreundlichkeit und hohe Ausgaben für Schulungen als Argumente für einen Wechsel auf

---

[187] Vgl. Unilog Integrata (2003), S. 18 f.
[188] Vgl. Unilog Integrata (2003), S. 26.
[189] Ausführungen siehe auch Bräuner, H. (2005), S. 43; BT-Drucksache 17/4567 S. 4; http://www.muenchen.de/Rathaus/dir/limux/ueberblick/408898/fachverfahren.html.

proprietäre Standardprogramme angeführt. Die Angestellten hatten große Probleme sich in die neuen Programme einzuarbeiten. Ursache hierfür waren, neben veränderten Benutzeroberflächen, auch Interoperabilitätsprobleme beim Dokumentenaustausch.[190] Diese Aspekte sollten daher im Planungsprozess implementiert werden. Ausreichende Schulungen, in denen Bedenken und Ideen der Mitarbeiter eingebarbeitet werden, beweisen sich ebenfalls als kosten- und zeitintensiver Teil einer Migration.

Schlussendlich lässt sich sagen, dass die Ausrichtung der IT in Richtung proprietärer oder Open Source Technologien wie jeder Änderungsprozess Chancen und Risiken birgt, deren Ausmaß anhand spezifischer Ziele und Präferenzen individuell bewertet werden muss.

---

[190] Vgl. BT-Drucksache 17/4567 S. 4.

6 Fazit und Ausblick

Im Rahmen dieser Arbeit wurde das Konzept hinter dem Open Source Modell beleuchtet. Dabei wurde die Open Source Initiative vorgestellt, die als leitendes Gremium einen großen Beitrag sowohl zum Schutz der Freiheit von Software, als auch zur Etablierung von Open Source Technologien im privaten und öffentlichen Sektor, leistet. Neben Öffentlichkeitsarbeiten liegt insbesondere die Prüfung der Lizenzmodelle auf Konformität mit der Open Source Definition im Verantwortungsbereich dieser gemeinnützigen Organisation.

Allen Open Source Programmen ist gemein, dass ein freier Zugang zum Quelltext, sowie dessen Weitergabe und Änderbarkeit gewährleistet werden muss. Dennoch gibt es durch die Abstufungen der Copyleft-Bestimmungen erhebliche Unterschiede zwischen den Lizenzmodellen dieser Programme im Falle der Weitergabe von verändertem Quellcodes. Um Steve Ballmers Aussage, die Open Source Lizenz GPL sei „ein Krebsgeschwür, das in Bezug auf geistiges Eigentum alles befällt, was es berührt"[191] zu verstehen, wurden die Ausprägungen der Copyleft-Klauseln und die damit einhergehenden Verpflichtungen der Entwickler und Anwender erläutert.

Des Weiteren wurde die Frage beantwortet, weshalb private Softwareentwickler Programme entwickeln, die von jedem gebührenfrei genutzt, weiterverbreitet und verändert werden dürfen. Private Entwickler haben durch intrinsische Motive wie der Steigerung des Sozialstatus' innerhalb der Entwicklergemeinschaft, dem Spaß am Programmieren, der intellektuellen Stimulation oder auch durch den eigenen Gebrauch der Software als „Prosumer", einen höheren Nutzen aus der Entwicklung von lizenzgebührenfreier Open Source Software, als bei der Kommerzialisierung dieser Entwicklertätigkeiten für proprietäre Programme.

Im Rahmen dieser Analyse wurde auch gezeigt, weshalb profitorientierte Unternehmen Investitionen für die Entwicklung von quelloffener Software tätigen. Dabei wurde einerseits festgestellt, dass eine Softwareentwicklung mit der Unterstützung einer Vielzahl von Entwicklern, die global verteilt sind, nicht nur quantitative, sondern auch qualitative Vorteile, wie schnellere Fehlerbehebungen und zügigere Updates mit sich bringt.

---

[191] http://www.theregister.co.uk/2001/06/02/ballmer_linux_is_a_cancer/.

Andererseits verdienen Unternehmen durch ergänzende Dienstleistungen oder Produkte indirekt an den lizenzgebührenfreien Open Source Programmen. Dabei gibt es die Möglichkeit kostenpflichtige Dienstleistungen in Form von Beratungstätigkeiten vor dem Einsatz von quelloffenen Programmen oder auch After-Sales-Leistungen anzubieten.

In jedem Fall nutzen Unternehmen kostenlose Open Source Software als Lockangebote, um den Anwenderkreis zu erhöhen - entweder um einen Quasi-Standard zu schaffen oder den Kundenkreis zu erweitern. Dadurch steht fest, dass Open Source Software keineswegs als betriebswirtschaftlicher Widerspruch gesehen werden darf, da die Entwickler ihren individuellen Nutzen aus der Mitbeteiligung ziehen, der größer ist als bei der Entwicklung von proprietärer Software.

Über die Entwicklung von quelloffener Software hinaus wurde auch der Einsatz von Open Source Technologien in Organisationen analysiert. Dabei wurden Hintergründe und Folgen einer Umstellung von proprietären Standardprogrammen auf quelloffenen Technologien beschrieben. Die im Rahmen dieser Analyse vorgestellten Vorreiter aus der öffentlichen Verwaltung, Schwäbisch Hall, München und das Auswärtige Amt, verfolgten dabei weniger ideologische Motive, sondern rein betriebswirtschaftliche Überlegungen. Die Open Source Software stellte einerseits eine kostengünstige Alternative zu den proprietären Standardprogrammen dar, andererseits sind die öffentlichen Institutionen davon überzeugt, dass die quelloffenen Programme die qualitativen Anforderungen an ihre IT, wie Sicherheit, Integrität, Flexibilität, sowie Unabhängigkeit besser erfüllen als die proprietären Alternativen.

In dieser Analyse wurde jedoch auch festgestellt, dass der Einsatz von Open Source Technologien in Organisationen ebenso Risiken birgt. Dabei besteht zunächst das Risiko, dass die Angestellten mit der fremden Benutzeroberfläche nicht zurechtkommen und damit höhere Kosten für vermehrte Schulungen anfallen. Darüber hinaus entsteht bei einer Abweichung von Standardbetriebssystemen ein zusätzlicher Kostenfaktor durch Anpassungen von Treibersoftware für Peripheriegeräte und von Spezialsoftware, die selbstständig vorgenommen werden müssen, da der Markt diese i.d.R. lediglich für die Standardbetriebssysteme von Microsoft anbietet.

Zusammenfassend lässt sich daher feststellen, dass im Bereich der Standard-software die quelloffenen Alternativen zu vielen proprietären Programmen in nichts nachstehen, wie u.a. die zwischenzeitlich am Markt etablierten Beispiele Firefox von Mozilla, MySQL, OpenOffice.org, OpenXchange, SugarCRM oder auch Pentaho beweisen. Im Bereich der Individualsoftware besteht jedoch weitergehender Handlungs- bzw. Analysebedarf. Die Beispiele aus dem öffentlichen Sektor zeigen deutlich, dass die Migration auf Open Source Technologien insbesondere durch den Mangel an quelloffenen Versionen ihrer Spezialsoftware deutlich erschwert wurde. Daher stellt sich an dieser Stelle die Frage, wie für diese Bereiche die Entwicklung innerhalb der Open Source Gemeinde etabliert werden könnte.

Des Weiteren liegt bei der Betrachtung von Open Source Software der künftige Fokus auf der nationalen und internationalen Legalisierung von Software-patenten. Diese Diskussionen werden einen entscheidenden Einfluss auf die weitere Entwicklung des gesamten Softwaremarktes, insbesondere der Open Source Software haben.

Darüber hinaus stellt sich unabhängig von dem Einsatz von Open Source Programmen auch die Frage, inwiefern Unternehmensleitungen in Zusammen-arbeit mit ihrer IT-Abteilung den Problemen einer Migration auf neue Technologien, wie mangelnde Akzeptanz oder unzureichende Planung von externen Störfaktoren, entgegenwirken können. Dabei spielen „Best Practice"-Methoden und betriebswirtschaftliche Ansätze wie „Change-Management" entscheidende Rollen. Schlussendlich stellt sich nämlich häufig losgelöst von der Qualität der individuellen Programme die Frage, ob quelloffene Technologien das Vertrauen der Anwender bzw. der Entscheidungsträger für sich gewinnen können oder nicht.

Anhang

A.I Kriterien zur Erfüllung der Open Source Definition

---

1. Free Redistribution

The license shall not restrict any party from selling or giving away the software as a component of an aggregate software distribution containing programs from several different sources. The license shall not require a royalty or other fee for such sale.

---

2. Source Code

The program must include source code, and must allow distribution in source code as well as compiled form. Where some form of a product is not distributed with source code, there must be a well-publicized means of obtaining the source code for no more than a reasonable reproduction cost preferably, downloading via the Internet without charge. The source code must be the preferred form in which a programmer would modify the program. Deliberately obfuscated source code is not allowed. Intermediate forms such as the output of a preprocessor or translator are not allowed.

---

3. Derived Works

The license must allow modifications and derived works, and must allow them to be distributed under the same terms as the license of the original software.

---

4. Integrity of The Author's Source Code

The license may restrict source-code from being distributed in modified form *only* if the license allows the distribution of "patch files" with the source code for the purpose of modifying the program at build time. The license must explicitly permit distribution of software built from modified source code. The license may require derived works to carry a different name or version number from the original software.

---

5. No Discrimination Against Persons or Groups

The license must not discriminate against any person or group of persons.

56

6. No Discrimination Against Fields of Endeavor

The license must not restrict anyone from making use of the program in a specific field of endeavor. For example, it may not restrict the program from being used in a business, or from being used for genetic research.

7. Distribution of License

The rights attached to the program must apply to all to whom the program is redistributed without the need for execution of an additional license by those parties.

8. License Must Not Be Specific to a Product

The rights attached to the program must not depend on the program's being part of a particular software distribution. If the program is extracted from that distribution and used or distributed within the terms of the program's license, all parties to whom the program is redistributed should have the same rights as those that are granted in conjunction with the original software distribution.

9. License Must Not Restrict Other Software

The license must not place restrictions on other software that is distributed along with the licensed software. For example, the license must not insist that all other programs distributed on the same medium must be open-source software.

10. License Must Be Technology-Neutral

No provision of the license may be predicated on any individual technology or style of interface.

Quelle: http://www.opensource.org/osd.html.

A.II Qualitativ-Strategischer Kriterienkatalog der Stadt München

	Qualitativ-strategisches Kriterium	Gewichtung	
		Gruppe	Kriterien
1	**Aufwand für die Einhaltung von Gesetzen und Verwaltungsvorschriften**	14	
1.1	Aufwand für die Einhaltung gesetzlicher Vorgaben		30
1.2	Aufwand für die Erfüllung der Anforderungen an Datenschutz und Datensicherheit		40
1.3	Aufwand für die Erfüllung von verwaltungsinternen Regelung und Vorschriften		20
1.4	Aufwand für die Erfüllung von Auflagen und Empfehlungen		10
2	**Auswirkungen Auf die IT-Sicherheit**	29	
2.1	Bedeutung für die Realisierung weiterführender Sicherheitslösungen		20
2.2	Auswirkungen auf das Bedrohungspotenzial		40
2.3	Auswirkungen auf die Stabilität des Systems		30
2.4	Beurteilung des Pilot-Projekts-Charakters		10
3	**Auswirkungen auf die Mitarbeiter**	19	
3.1	Auswirkungen auf die Attraktivität der Arbeitsbedingungen		67
3.2	Auswirkungen auf die Qualifikationssicherung/ -erweiterung		33
4	**Auswirkungen auf die IT-Organisation**	9	
4.1	Auswirkungen auf die Komplexität der Systemumgebung		17
4.2	Auswirkungen auf das IT-Betriebsmanagement		50
4.3	Auswirkungen auf das IT-Personalmanagement		33
5	**Auswirkungen auf externe Adressaten**	5	
5.1	Auswirkungen auf die Kommunikationspartner		67
5.2	Auswirkungen auf das Image		33
6	**Erfüllung weiterer strategischer Punkte**	24	
6.1	Einhaltung offener Standards		22

6.2	Beurteilung der Herstellerunabhängigkeit	14
6.3	Beurteilung der Beschaffungsunabhängigkeit	7
6.4	Beurteilung der Flexibilität des IT-Einsatzes	14
6.5	Beurteilung der Beschaffungskontinuität	4
6.6	Einhaltung des Grundsatzes „einheitliches Betriebssystem" für alle Clients	25
6.7	Beurteilung des Schutzes getätigter Investitionen	14
		100

Quelle: Unilog Integrata (2003), S. 21 f.

Quellenverzeichnis

Berlecon Research (2002): Basics of Open Source Software Markets and Business Models, URL: http://www.berlecon.de/studien/downloads/200207 FLOSS_Basics.pdf (Stand 09.04.2011).

Bertschek, I./Döbler, T. (Hrsg.) (2005): Open Source Software und IT-Sicherheit, FAZIT-Schriftenreihe, Forschungsbericht Bd. 1, Stuttgart 2005.

Bräuner, H. (2005): Linux im Rathaus - Ein Migrationsprojekt der Stadt Schwäbisch Hall, URL: http://www.opensourcejahrbuch.de/download/ jb2005/ chapter_01/osjb2005-01-04-braeuner.pdf (Stand 16.04.2011).

Brügge, B./Harhoff, D./Picot, A./Creighton, O./ Fiedler, M./Henkel, J. (2004): Open-Source-Software: Eine ökonomische und Technische Analyse, Berlin 2004.

BT-Drucksache 17/4567: Kleine Anfrage: Sachstand zur Nutzung von „freier Software" im Auswärtigen Amt und weiteren Bundesbehörden, URL: http://dip21.bundestag.de/dip21/btd/17/045/1704567.pdf (Stand 03.04.2011).

Colbe von, W. B./Coenenberg, A. G./Kajüter, P./Linnhoff, U./Pellen,B. (Hrsg.) (2007): Betriebswirtschaft für Führungskräfte, 3. Aufl., Stuttgart 2007.

Gläßer, L. (2004): Open Source Software. Projekte, Geschäftsmodelle, Rechtsfragen, Anwendungsszenarien - was IT-Entscheider und Anwender wissen müssen, Erlangen 2004.

Günther, J./ Spath, D. (Hrsg.) (2006): Trendstudie Open Source Software – Strukturwandel oder Strohfeuer? Eine empirische Studie zu Trends und Entwicklungen zum Einsatz von Open Source Software in der öffentlichen Verwaltung und IT-Unternehmen in Deutschland, Stuttgart 2006.

Hars, A. und Ou, S. (2002): Working for Free? Motivations for participating in open-source projects, in: International Journal of Electronic Commerce, 2002, Volume 6, Issue 3, S. 25-39.

Hennig, S. (2009): Open source-Software für mittelständische Unternehmen: Eine betriebswirtschaftliche Analyse, Oldenburg 2009.

Hoegner, W. (2006): Das Projekt Limux – Freie Software für die Münchner Verwaltungsclients, URL: http://www.opensourcejahrbuch.de/download/ jb2006/chapter_02/osjb2006-02-03-hoegner.pdf (Stand16.04.2011).

Jaeger, T./Metzger, A. (2006): Open Source Software: Rechtliche Rahmenbedingungen der Freien Software, 2. Aufl., München 2006.

John, A. (2004): Ökonomie – Einleitung, URL: http://www.opensourcejahrbuch.de/download/jb2004/chapter_02/II-1-John.pdf (Stand 16.04.2011).

Kharitoniouk, S./Stewin, P. (2004): Grundlagen und Erfahrung- Einleitung, URL: http://www.opensourcejahrbuch.de/download/jb2004/chapter_01/I-1-KharitonioukStewin.pdf (Stand 16.04.2011).

Kooths, S./Langenfurht, M./Kalwey, N. (2003): Open Source-Software - Eine volkswirtschaftliche Bewertung, MICE Economic Research Studies Vol. 4, Münster 2003, URL: http://mice.uni-muenster.de/mers/mers4-OpenSource_de.pdf (Stand 25.02.2011).

Lakhani, K. R./Wolf, R. G. (2003): Why Hackers Do What They Do: Understanding Motivation and Effort in Free/Open Source Software Projects, MIT Sloan Working Paper No. 4425-03, URL: http://papers.ssrn.com/sol3/papers.cfm?abstract_id=443040 (Stand 25.02.2011).

Landgericht München I, Urteil vom 19.5.2004 - Az. 21 O 6123/04, URL: http://www.jbb.de/fileadmin/download/urteil_lg_muenchen_gpl.pdf (Stand 04.05.2011).

Leiteritz, R. (2002): Der kommerzielle Einsatz von Open Source Software und kommerzielle Open Source-Geschäftsmodelle, URL: http://ig.cs.tu-berlin.de/ma/ehemalige/rl/ap/2002-05/Leiteritz-DA-OSS-Geschaeftsmodelle-052002.pdf (Stand 16.04.2011).

Leiteritz, R. (2004): Open Source-Geschäftsmodelle, URL: http://www.opensourcejahrbuch.de/download/jb2004/chapter_02/II-5-Leiteritz.pdf (Stand 16.04.2011).

61

Luthiger, B. (2004): Alles aus Spaß? Zur Motivation von Open-Source-Programmierern, URL: http://www.opensourcejahrbuch.de/download/ jb2004/chapter_02/II-2-Luthiger.pdf (Stand 16.04.2011).

Mundhenke, J. (2007): Wettbewerbswirkungen von Open-Source-Software und offenen Standards auf Softwaremärkten, Berlin 2007.

Peemöller, V. H. (2005): Controlling: Grundlagen und Einsatzgebiete, 5. Aufl., Berlin 2005.

Renner, T./Vetter, M./Rex, S./Kett, H. (2005): Open Source Software: Einsatzpotenziale und Wirtschaftlichkeit - Eine Studie des Fraunhofer Instituts, Stuttgart 2005, URL: http://www.e-business.iao.fraunhofer.de/ Images/oss_tcm462-31505.pdf (Stand 16.04.2011).

Saleck, T. (2005): Chefsache Open Source, Wiesbaden 2005.

Unilog Integrata (2003): Client Studie der Landeshauptstadt München – Kurzfassung des Abschlussberichts inklusive Nachtrag, URL: http://www.muenchen.info/pia/clientstudie_kurz.pdf (Stand 16.04.2011).

UrhG (2008): Urheberrechtsgesetz vom 9. September 1965, in BGBl., I, S.1273, mit allen späteren Änderungen einschließlich der Änderung durch Artikel 83 des Gesetzes vom 17. Dezember 2008, in BGBl. S.2512.

Wichmann, T. (2005): Linux- und Open-Source-Strategie, Berlin 2005.

Wieland, T. (2004): Stärken und Schwächen freier und Open Source Software im Unternehmen, URL: http://www.opensourcejahrbuch.de/download/ jb2004/chapter_02/II-3-Wieland.pdf (Stand 10.04.2011).